Illya Kozyrev

Russland – alter Freund mit neuem Gesicht

Beziehungen zwischen Deutschland und Russland
in Vergangenheit, Gegenwart und Zukunft

Bibliografische Information Der Deutschen Bibliothek
Die Deutsche Bibliothek verzeichnet diese Publikation in der Deutschen Nationalbibliografie; detaillierte bibliografische Daten sind im Internet über http://dnb.ddb.de abrufbar.
1. Aufl. - Göttingen : Cuvillier, 2007

978-3-86727-152-3

Nonnenstieg 8, 37075 Göttingen
Telefon: 0551-54724-0
Telefax: 0551-54724-21
www.cuvillier.de

1. Auflage, 2007
Gedruckt auf säurefreiem Papier

978-3-86727-152-3

An die große Stadt Moskaw, als er schiede

1636 Juni 25.

Prinzessin deines Reichs, die Holstein Muhme nennt,
Du wahre Freundin du, durch welcher Gunst wir wagen,
Was Fürsten ward versagt und Kön'gen abgeschlagen,
Den Weg nach Aufgang zu, wir haben nun erkennt,

Wie sehr dein freundlichs Herz in unsrer Liebe brennt.
Die Treue wollen wir mit uns nach Osten tragen,
Und bei der Wiederkunft in unsern Landen sagen,
Das Bündnüs ist gemacht, das keine Zeit zertrennt.

Des frommen Himmels Gunst, die müsse dich erfreuen,
Und alles, was du tust, nach Wunsche dir gedeihen,
Kein Mars und kein Vulkan dir überlässig sein!

Nimm itzo dies Sonett. Komm ich mit Glücke wieder,
So will ich deinen Preis erhöhn durch stärkre Lieder,
Daß deiner Wolgen Schall auch hören soll mein Rhein.

Paul Fleming (1609-1640)[1]

[1] Paul Fleming, SEI DENNOCH UNVERZAGT, Eine Auswahl, Verlag Rütten & Loenig, Berlin, 1.Aufl.,1977, S. 178

Inhaltsverzeichnis

1 Einleitung 7
2 Zerfall der Sowjetunion 11
3 Russland unter Jelzin 14
3.1 Die Politik Boris Jelzins 14
3.2 Die neue Verfassung in ihren Grundzügen 15
3.3 Das System Jelzin 16
4 Russland unter Putin 18
4.1 Das politische System 18
4.2 Politische Maßnahmen 20
4.2.1 Föderalreform 20
4.2.2 Kampf gegen ausgewählte Oligarchen 20
4.2.3 Macht über Massenmedien 22
4.3 Der Tschetschenien-Konflikt 23
4.4 Die wirtschaftliche und kulturelle Situation 28
4.4.1 Wirtschaftliche Erfolgsgeschichte 28
4.4.2 Moskau – das „Dritte Rom" und Weltwirtschaftsmetropole 28
4.5 Militarisierung Russlands – neue politisch-militärische Elite 33
4.6 Die soziale Krise 36
4.7 Russlands Außenpolitik 37
4.8 Öffnung Richtung Westen 37
4.9 Russlands Großmachtanspruch 40
5 NATO-Osterweiterung 41
6 Energetische Sicherheit 42
6.1 Energiehunger 42
6.2 Russland ein verlässlicher Gaslieferant? 43
6.3 Disziplinierung abtrünniger Teilrepubliken? 45
6.4 Vertragspartner in West und Fernost 47
6.5 Neudefinierung der Beziehungen 49
7 Gemeinsamkeiten und Konfliktpotenziale 50
7.1 Geschichte 51
7.1.1 Sophie Auguste Friederike von Anhalt-Zerbst 51
7.1.2 Alix von Hessen Darmstadt 52
7.1.3 Die Russlanddeutschen – eine Brücke oder eine Belastung der deutsch-russischen Beziehung? 55
7.1.3.1 Russlanddeutsche im Zarenreich 55
7.1.3.2 Russlanddeutsche im heutigen Deutschland 56

7.1.3.3 Russlanddeutsche im Spagat zwischen zwei Ländern 62
7.1.4 Gemeinsame Vergangenheit nach 1945 63
7.2 Wirtschaftliche Interessen 66
7.3 Geographische Nähe 70
7.4 Wertesysteme 70
7.5 Weg zur Demokratie 71
7.6 Menschenrechte 74
7.6.1 Amnesty International und Reporter ohne Grenzen 74
7.6.2 Kommunismus als Wurzel des Übels 76
7.6.3 „Russland den Russen – Moskau den Moskauern“ 79
7.6.4 „Heil Hitler“ auf russische Art 80
7.7 Pressefreiheit 82
8 Russland in deutschen Medien und deutschen Herzen 84
9 Die deutsch-russischen Beziehungen in jüngster Zeit 89
9.1 Vertrag über gute Nachbarschaft, Partnerschaft und Zusammenarbeit 90
9.2 Die Haltung des Altbundeskanzlers und seiner Regierung 90
9.3 Regierungskonsultationen 91
9.4 Petersburger Dialog 92
9.5 Weitere Kooperation 95
9.6 Kulturelle Beziehungen 96
9.7 Regierungskonsultationen in Tomsk – April 2006 97
9.7.1 Breit angelegte strategische Kooperation 98
9.7.2 Verträge von Tomsk 98
9.7.3 Diplomatisches Ausräumen von Unsicherheiten 100
10 Schlussbetrachtungen 101

Quellenverzeichnis 106
Verwendete Internetseiten 110
Bildernachweis 113

1 Einleitung

Es zeigt sich, „dass Russland trotz seiner inneren Schwächen nach wie vor ein Schlüsselstaat ist: Ohne seine Beteiligung ist eine dauerhafte stabile Weltordnung nicht wahrscheinlich, und ohne ein stabiles Russland ist eine nachhaltige Stabilität Europas nicht denkbar“. [2]

Prof. Dr. Dr. h.c. Werner Weidenfeld

An den Anfang dieser Studie über Russland und seine Beziehungen zu Deutschland, mit den aufgeworfenen Fragen über eine neue Weltordnung, stelle ich ein Zitat von Prof. Dr. Dr. Werner Weidenfeld, Direktor des Zentrums für angewandte Politikforschung an der Ludwig-Maximilians-Universität in München, das die globale Bedeutung des heutigen Russlands unterstreicht.

Vor dem Hintergrund des Zerfalls der Sowjetunion, der wachsenden Angst der ganzen Welt vor Terrorismus, der Diskussionen über energetische Sicherheit, der immer schwächeren politischen Bedeutung und Unfähigkeit der heutigen UNO die Weltordnung zu erhalten und den Versuchen mancher großer Länder, eine neue eigene Weltordnung zu schaffen, erwacht nach Jahren des Schlafes ein wichtiger Akteur auf der politischen Weltszene – das neue, starke Russland.

Diese Studie bietet keinen gewöhnlichen Vergleich zwischen Russland und Deutschland, ich werde vielmehr versuchen, dem deutschen Leser das heutige Russland zu zeigen und unsere gemeinsame Vergangenheit vor Augen zu halten, denn bekanntlich kann man ohne die Lehren aus der Vergangenheit keine vernünftige Zukunft planen. Außerdem will ich untersuchen, wie die Russen das heutige Deutschland sehen, wie andererseits Russland in den deutschen Medien

---

[2] Weidenfeld, Werner, in: Hillenbrand Olaf / Kempe Iris (Hrsg.): Der schwerfällige Riese. Wie Russland den Wandel gestalten soll, Verlag Bertelsmann Stiftung, Gütersloh 2003, S.8

dargestellt wird und was dieses Land für die Deutschen heute bedeutet.

Deutschland und Russland verbindet eine tausendjährige gemeinsame Geschichte. Es bestehen von jeher enge wirtschaftliche, politische und kulturelle Beziehungen. Die Geschichte bildet den Hintergrund für die heutigen Beziehungen zwischen den beiden Staaten. Ein wichtiger Faktor des internationalen Lebens in der Geschichte, der in vielerlei Hinsicht das politische Bild Europas prägte, waren die Ehen zwischen Angehörigen deutscher Herrscher-Dynastien und des Zarenhauses der Romanows. Fast drei Jahrhunderte lang stammten die von der Zarenfamilie auserkorenen Bräute aus deutschen Fürsten- und Königshäusern. Die russischen Zarinnen und deutschen Prinzessinnen mit der größten Bedeutung für die Beziehungen zwischen Russland und Deutschland waren ohne Zweifel Katharina die Große (Sophie Auguste Friederike von Anhalt-Zerbst) und die letzte russische Zarin Alexandra (Alix von Hessen-Darmstadt), deren gütiges Handeln und Wirken in bester Erinnerung geblieben sind.

Bei dem Thema Russland als alter Freund Deutschlands mit neuem Gesicht, geht es hauptsächlich um die Verhältnisse von heute, sowie um die Folgen, die diese Beziehungen zwischen Russland und Deutschland in der Gegenwart haben. In der Geschichte waren es die Beziehungen zwischen dem russischen Zarenreich, oder russischem Imperium, und vielen kleinen deutschen Fürstentümern, später waren es die Beziehungen zwischen der Sowjetunion und dem zweigeteilten Deutschland, mit DDR und BRD, und heute zwischen der russischen Föderation und dem wiedervereinigten Deutschland.
Dabei spielen die engen Verflechtungen in den letzten 300 Jahren sicher eine Rolle. Entscheidender aber sind die Entwicklungen des 20. Jahrhunderts, besonders die jüngere und jüngste Geschichte nach dem 2. Weltkrieg und die Ereignisse nach dem politischen Umbruch in Osteuropa und dem Zusammenbruch der Sowjetunion. Eine bedeutende Rolle im politischen und wirtschaftlichen Leben der beiden Länder spielte Ende der 80er Jahre die gute Zusammenarbeit zwi-

schen Generalsekretär Gorbatschow und dem damaligen Bundeskanzler Kohl.

Der Schwerpunkt dieser Studie liegt auf der heutigen Zeit, mit der neuentdeckten Freundschaft zwischen Russland und Deutschland. Die Arbeit will die Bedeutung dieser Freundschaft für die Perspektiven, die Zusammenarbeit und die politische und wirtschaftliche Zukunft beider Länder ausloten und ihren Stellenwert im weltweiten Kontext feststellen.

Im Verlauf dieses Buches werde ich versuchen, in wichtigen Aspekten nachzuvollziehen, was unsere beiden Länder heute verbindet. Finden wir Anknüpfungspunkte nur in den kulturellen Beziehungen und der gemeinsamen Geschichte durch die deutschen Prinzessinnen, die so lange auf dem Zarenthron saßen, oder auch in den Russlanddeutschen, denen in jüngster Zeit der Weg hierher geebnet wurde, oder sogar in der besonderen Situation des russischen Kaliningrad, des ehemaligen ostpreußischen Königsbergs?

Was bedeutet Russland heute, warum wird es in der heutigen Literatur so häufig als ‚Putins Russland' [3] bezeichnet? Welchen Weg geht das größte Land der Welt? Welche Prozesse finden heute in ‚Putins Russland' statt?

Anna Politkovskaja, eine russische Journalistin, die ein bekanntes Buch über Putins Russland in Deutschland veröffentlichte, beginnt mit der Feststellung, dass ihr Werk kein Geschenk für das gegenwärtige Schröder-Deutschland sein will. [4] Ihr Buch feierte seinen großen Erfolg wohl schon aufgrund des Putin-Fotos auf dem Umschlag, vor allem aber auch wegen der in Deutschland in letzter Zeit so beliebten Putin-kritischen Darstellungsweise (beide zusammen sichern offenbar schon ein hohes Interesse und dementsprechende Verkaufszahlen). Mit meiner vorliegenden Studie möchte ich dagegen eine realistische, nüchterne Aufarbeitung der Thematik erreichen. Und da ich in einer engen Beziehungen zwischen Deutschland und Russland eine positive Zukunft sehe, hoffe ich, dass diese Arbeit in einer objektiven und wissen-

[3] Politkovskaja, Anna: In Putins Russland, DuMont Verlag, Köln, 2005
[4] Vgl. Politkovskaja, Anna: In Putins Russland, DuMont Verlag, Köln, 2005, S.7

schaftlichen Darstellungsweise ein gutes Geschenk ist, sowohl für das Schröder- oder Merkel-Deutschland, als auch für Putins Russland.

Heute erleben wir eine neue Welle von Herzenswärme zwischen Deutschland und Russland. Diesmal geht es zum einen um richtige Freundschaft, Freundschaft zwischen Russlands Präsident Putin und dem ehemaligen Bundeskanzler Schröder, was von der russischen Bevölkerung und den russischen Politikern gerne gesehen, in Deutschland aber immer wieder belächelt und kritisiert wird, zum anderen um die Wertschätzung zwischen Bundeskanzlerin Merkel und Putin und um deren offenen und souveränen Umgang miteinander - gentlemanlike von Seiten Putins, respektvoll von Seiten Frau Merkels.

Manche große Länder schienen unzufrieden zu sein mit den freundschaftlichen Kontakten zwischen Schröder und Putin und selbst in Deutschland wurde in verschiedenen Medien immer wieder versucht die positive Entwicklung zwischen den Russen und Deutschen in ein schlechtes Licht zu stellen. Wird es Angela Merkel gelingen, durch eine aufgeschlossene und doch distanzierte Haltung mehr Akzeptanz und eine solide Grundlage für vertrauensvolle Beziehungen zu schaffen?

Welche Auswirkungen hat heute ein vertrauensvolles Verhältnis zwischen Deutschland und Russland, mit einer Vertiefung der gegenseitigen wirtschaftlichen Beziehungen, auf die geopolitische Lage nicht nur in Ost- oder Westeuropa, sondern auf die ganzen Welt?

Im Laufe dieser Studie werde ich versuchen, das neue Gesicht Russlands darzustellen, das Russland von heute – ein Land, das einerseits seit einigen Jahren die Klänge der sowjetischen Nationalhymne wieder zu Ehren kommen lässt, als Zeichen für die Verbundenheit mit der sowjetischen Vergangenheit, andererseits den Doppeladler und die Krone auf dem Staatswappen trägt, als Zeichen für das Jahrhunderte alte Zarenimperium.

Ich werde verschiedene Themen ansprechen, die Russland als einen wichtigen internationalen, politischen und wirtschaftlichen Akteur und Partner Deutschlands von verschiedenen Seiten zeigen. Es werden aktuelle Themen berührt, wie etwa Sankt Petersburg, mit seinem Aufstieg zur repräsentativen zweiten Hauptstadt Russlands; die Charakteristika der russischen, politischen und wirtschaftlichen Elite: die ‚neuen Russen'; die Zusammenarbeit zwischen Deutschland und Russland vor allem im Rahmen der Wirtschaftspolitik Putins; Moskau, wie es sich heute darstellt; deutsches Kapital, das investiert wird, und andere wichtige Themen.

Es werden also Themen sein, die einerseits für das heutige Russland aktuell sind und wegen der Größe und der politischen Autorität dieses Landes so wichtig sind für Deutschland und auch für die ganze Welt.

2 Zerfall der Sowjetunion

Russland ist wahrlich ein großartiges Land, ein Land von weltpolitischer Bedeutung, eine Großmacht. In jüngster Zeit wurde es aber, wie schon manchmal im Lauf der Geschichte, in seinem Innersten erschüttert. Das kommunistische System konnte das versprochene Paradies einer klassenlosen Gesellschaft nicht verwirklichen.

„Gegen Ende der Regierungszeit Breschnews war die Sowjetunion in eine schwere innere Krise geraten. Das wirtschaftliche Wachstum verlangsamte sich zunehmend, da es nicht gelang, zusätzliche Ressourcen zu mobilisieren." [5] Die Planwirtschaft, überhöhte Rüstungsaufwendungen, veraltete Führungsmethoden, Korruption, das alles hatte die sowjetische Wirtschaft in einen dunklen Tunnel hineingeführt, einen Tunnel ohne Ausgang. Das war der Anfang vom Ende, das Ende eines schicksalhaften Imperiums.

[5] Schröder, Hans-Henning, in: Hillenbrand Olaf / Kempe Iris (Hrsg.): Der schwerfällige Riese. Wie Russland den Wandel gestalten soll, Verlag Bertelsmann Stiftung, Gütersloh, 2003, S.29

Die kommunistische Partei als Institution, der Sozialismus und Kommunismus als eine Religion (oder eher Ersatzreligion für die seit Jahrzehnten verbotene russisch-orthodoxe Kirche) hatten versagt.

„Die politische Führung verlor in der Gesellschaft zunehmend an Glaubwürdigkeit. Dazu trugen Misswirtschaft und Korruption ebenso bei, wie das Afghanistan-Abenteuer, auf das sich die Breschnewsche Führung 1979 eingelassen hatte und das weiten Teilen der Bevölkerung die Verlogenheit und die Unfähigkeit des Regimes deutlich vor Augen führte.“ [6] Am Ende der Breschnew-Ära gab es auch Probleme in der Parteiführung, nach Andropow und nach den gescheiterten Versuchen von Gorbatschow mit seiner ‚Perestrojka‘ und den ersten Demokratieansätzen, mit denen er das sowjetische Imperium zu erhalten versucht hat. Dann kam der Umsturzversuch, der Putsch, der den letzten Anstoß zum endgültigen Zerfall der Sowjetunion gab. Es war kein schönes Ende eines großartigen Landes.

Es war eine traurige Tradition geworden: Wenn früh morgens auf allen Fernsehkanälen gleichzeitig Schwanensee von P.I. Tschajkowskij gezeigt wurde, dann bedeutete dies, dass entweder ein Generalsekretär der Partei gestorben war, oder, dass etwas Schlimmes im Land vorgefallen war. Genau so war es auch am ersten Putschtag.

Mit dem Zerfall der Sowjetunion trat Russland im Jahre 1991, als größte ehemalige Sowjetrepublik, das Erbe der Sowjetunion an. Seitdem befindet sich Russland nach dem Zusammenbruch der kommunistischen Gesellschaft in einem Transformationsprozess, an dessen Ende vor allem das Erreichen von zwei erklärten Zielen stehen soll: Demokratie und Marktwirtschaft.[7] Für das weitere Verständnis des Verhältnisses zwischen Deutschland und Russland ist es wichtig

[6] Schröder, Hans-Henning in: Hillenbrand Olaf / Kempe Iris (Hrsg.): Der schwerfällige Riese. Wie Russland den Wandel gestalten soll, Verlag Bertelsmann Stiftung, Gütersloh 2003, S.29

[7] Vgl. Maćków, Jercy: Demokratie mit Adjektiven? Die Kontinuität des Autoritarismus in Russland unter Jelzin und Putin. Blick in die Wissenschaft, Heft 16, 13. Jahrgang 2004, S. 46

Sowjetische Vergangenheit
Das Deckengemälde im Sankt Petersburger Hauptbahnhof
>Lenin für immer<

herauszuarbeiten, wie weit dieser Wandlungsprozess bereits vollzogen ist. Dies geschieht zunächst in Bezug auf die Demokratie, die vielfach als Voraussetzung für eine funktionierende Marktwirtschaft angesehen wird.[8]

3 Russland unter Jelzin

3.1 Die Politik Boris Jelzins

„Nimmt man die politische Entwicklung in den Blick, so lässt sich der gesamte Zeitabschnitt von 1987 bis 1999 in zwei sich überschneidende Phasen gliedern: den gescheiterten Versuch, das Sowjetsystem zu reformieren, und seit 1990 den Aufbau eines demokratisch verfassten russischen Staates, der nach einer Übergangsphase, in der Präsident und Parlament sich gegenüberstanden („Doppelherrschaft"), 1993 eine Präsidialverfassung per Referendum annahm, die den rechtlichen Rahmen des ‚Systems Jelzin' bildete."[9]

Am 16. Juni 1991 wurde Boris Nikolajewitsch Jelzin vom Volk zum ersten Präsidenten der Russländischen Sozialistischen Föderativen Sowjetrepublik (RSFSR) gewählt. Als Held, der die kommunistische Diktatur besiegt und das Land aus dem Putschchaos gerettet hat, erhielt er weitreichende Vollmachten. Er leitete die Regierung und er durfte Dekrete und Verordnungen erlassen, um verfassungs- oder gesetzeswidrige Beschlüsse der Exekutivorgane auszusetzen. Politische Parteien existierten faktisch nicht. So wurde der demokratisch gewählte, im Volk populäre Präsident bald zur wichtigsten Figur im politischen System Russlands. Die Person Michail Sergejewitsch Gorbatschow wurde in nur wenigen Monaten vergessen und obwohl er auch heute immer noch in Deutschland in positiver Erinnerungen ist, als Politiker, der den Prozess der Wiedervereinigung Deutschlands

---

[8] Vgl. Fischer, Joschka: Beitrag zum Buch „Neue Bewegung in die deutsch-russischen Beziehungen!", herausgegeben von Erich G. Fritz, 2001. Online im Internet. URL: http://www.deutschebotschaft-moskau.ru/de/aussenpolitik/reden/beziehungen.html. Stand: 06.12.2005

[9] Schröder, Hans-Henning, in: Hillenbrand Olaf / Kempe Iris (Hrsg.): Der schwerfällige Riese. Wie Russland den Wandel gestalten soll, Verlag Bertelsmann Stiftung, Gütersloh 2003, S.28

initiiert hat, gilt er in Russland, vor allem unter der älteren Generation, als Zerstörer und Verlierer, als der Mensch, der das Vaterland zugrunde gerichtet hat.

Jelzin wollte einen für Russland neuen Weg beschreiten. Er wollte Russland auf der Grundlage einer Zivilgesellschaft modernisieren – und nicht, wie all die Regierenden vorher, auf staatlichen Zwang bauen. Um dieses Ziel zu erreichen, wählte er jedoch – im Nachhinein betrachtet – den falschen Weg; er wählte die Diktatur als ein kurzfristiges Übergangsregime. Er baute innerhalb weniger Wochen nach dem Putsch im August 1991 eine Präsidialdiktatur auf und machte exzessiven Gebrauch von Dekreten, um zum Beispiel kommunistische Zeitungen und die Tätigkeit kommunistischer Parteien zu verbieten.

In diesem System spielten das Parlament oder die demokratischen Abgeordneten keine Rolle. Freie Parlamentswahlen lehnte Jelzin ab. Am 21. September 1993 löste Jelzin den Obersten Sowjet und den Volkskongress per Dekret auf. Daraufhin kam es am 4. Oktober zu blutigen Auseinandersetzungen, die mehrere Todesopfer forderte, als klar wurde, dass er mit einem verfassungswidrigen Dekret das Parlament, den so genannten ‚Obersten Sowjet' aufgelöst hatte. Die neue, von ihm geprägte Verfassung trat am 12. Dezember 1993 in Kraft.

3.2 Die neue Verfassung in ihren Grundzügen

Die Verfassung von 1993 war ein direktes Ergebnis der Auseinandersetzungen zwischen Jelzin und dem Obersten Sowjet. Sie ist heute noch in Kraft und definiert Russland als einen demokratischen, föderalen Rechtsstaat mit republikanischer Regierungsform und enthält einen Grundrechtekatalog. Die politische Macht ist in der Hand des Präsidenten konzentriert. Er bestimmt die Ausrichtung der Innen- und Außenpolitik des Staates und ist der Oberbefehlshaber der Streitkräfte. Das Parlament entscheidet zwar über die Regierung, allerdings hat der Präsident eine Vollmacht zur Auflösung des Parlaments im Falle eines Konfliktes in Bezug auf die Einsetzung bzw. Abberufung des Ministerrats. Dadurch erhält er die Macht, das Parlament dazu zu bewegen, ‚seinen' Kandidaten zum Ministerpräsidenten zu wählen.[10] Außerdem verfügt er auch über legislative Kompetenz, denn er hat das Recht, Dekrete und Verordnungen zu erlassen, solange diese nicht der Verfassung oder der Gesetzgebung widersprechen.

Der Präsident führt und kontrolliert also die Exekutive. Unterstützt wird er dabei von seiner Administration und dem Sicherheitsrat, dem der Ministerpräsident, die wichtigsten Regierungsmitglieder und die Vorsitzenden der beiden Häuser des Parlaments angehören. Das Parlament selbst hat auf die Exekutive nur einen indirekten Zugriff über Gesetzgebungs- und Budgetrecht. Gegenüber der Machtfülle des Präsidenten hat es nur beschränkte Möglichkeiten. Eine wirksame Kontrolle des Staatsoberhauptes ist kaum noch möglich.

Die Schwäche der politischen Parteien in Russland trug neben der Verfassung entscheidend zu der Ausprägung des ‚Systems Jelzin' bei.

3.3 Das System Jelzin

Das ‚System Jelzin', das sich in den Jahren der Präsidentschaft Jelzins entwickelte, soll hier nur kurz skizziert werden, soweit es die Grundzüge der politischen Wirklichkeit in Russland erklärt und dabei auch die Macht des später folgenden Putins veranschaulicht.

Die wesentliche Besonderheit des Systems Jelzin waren zwei Punkte: das präsidiale Machtzentrum und der Apparat, den der Präsident benötigte, um seine Politik durchzusetzen. Hinzu kam, dass Jelzin bald physisch kaum noch in der Lage war, seine Aufgaben als Staatspräsident zu erfüllen. Entsprechend wuchs die politische Macht seines Umfeldes.

Die in der Verfassung festgeschriebene föderale Ausrichtung hatte unter Jelzin große Bedeutung. Die föderale Exekutive

---

[10] Vgl. Maćków, Jercy: Demokratie mit Adjektiven? Die Kontinuität des Autoritarismus in Russland unter Jelzin und Putin. Blick in die Wissenschaft, Heft 16, 13. Jahrgang 2004, S. 46 ff.

wurde zu einem Stützpfeiler des ‚Systems Jelzin', in dem die Gouverneure erheblichen politischen Einfluss hatten.

Für die Umsetzung von Stabilisierung und Privatisierung waren die Ministerien für Finanzen, Wirtschaft und Staatseigentum zuständig, die so Einfluss auf die gesellschaftlichen Machtverhältnisse nehmen konnten. Einfluss gewannen in dieser Zeit auch die so genannten ‚Oligarchen' – Kapitalgruppen, die sich in den 90er Jahren des 20. Jahrhunderts formierten und eng mit der politischen Führung Russlands zusammenarbeiteten. Ihr finanzieller Erfolg war nicht selten das direkte Ergebnis ihrer engen Beziehungen zu den Machthabern.[11]

Insgesamt hatte die Bevölkerung kaum die Möglichkeit, auf die Politik einzuwirken, das russische Volk war eher passiver Zuschauer im Entwicklungsprozess.

Statt eines demokratisch gewählten Parlamentes beherrscht heute die ‚Oligarchie' das politische System Russlands. Sie besteht aus Oligarchen, aus Vertretern des Zwangsapparates, den Kreml-Politikern und Verwaltungsleuten.[12]

Was die westliche Politik Jelzins angeht, war Deutschland auch in der Ära Jelzin Partner Nummer eins für Russland.

„Im Umgang mit ausländischen Spitzenpolitikern zog Jelzin nach eigener Darstellung ein Zusammensein ‚ohne Schlips und Kragen' in betont informeller Umgebung vor. Die sprichwörtliche ‚Strickjackendiplomatie' genoss er besonders im Beisammensein mit seinen bevorzugten ‚Freunden' Helmut Kohl und später Jacques Chirac."[13] Auch nach seinem Rücktritt betonte Jelzin mehrmals, dass zwischen ihm und Helmut Kohl von Anfang an eine Sympathie vorhanden war.

---

[11] Vgl. Schröder, Hans-Henning: Politisches System und politischer Prozess. Informationen zur politischen Bildung, Heft 281. Online im Internet. URL: http://www.bpb.de/publikationen/7B7WKS,0,0,Politisches_System_und_politischer_Prozess.html

[12] Vgl. Maćków, Jercy: Demokratie mit Adjektiven? Die Kontinuität des Autoritarismus in Russland unter Jelzin und Putin. Blick in die Wissenschaft, Heft 16, 13. Jahrgang 2004, S. 49

[13] Mommsen, Margareta: Wer herrscht in Russland? Der Kreml und die Schatten der Macht, Verlag C.H. Beck, München, 2003, S.163

„Er räumte ein, dass im Rahmen der G8 Helmut Kohl aufgrund seines Alters und seiner Erfahrung zum ‚informellen ersten Mann' avancierte. Nach dem Ende der Kanzlerschaft Kohls sei diese Stellung allerdings auf ihn selbst übergegangen."[14]

4 Russland unter Putin

„Im Jahre 1999, im siebten Monat, wird ein großer Schreckenskönig vom Himmel kommen: Den großen König von Angolmois wird er von den Toten erwecken, vor und nach Mars wird er frühzeitig regieren."

(Nostradamus-Prophezeiungen, X. Centurie, 72. Vers) [15]

4.1 Das politische System

Ende 1999 löste Wladimir Putin Boris Jelzin als Präsident Russlands ab. Unter dem von Jelzin bestimmten Nachfolger hat sich an den Machtverhältnissen in Russland nicht viel verändert, außer, dass Putin - zuletzt Chef des Inlandsgeheimdienstes und Sekretär des Sicherheitsrates - viele Sicherheitsleute in die regierende Oligarchie integrierte.[16]

Seit den Dumawahlen vom 7. Dezember 2003 ist der Einfluss der politischen Opposition in Russland sogar noch weiter zurückgegangen, denn die von der Partei von Präsident Putin gebildete Mehrheitsfraktion beherrscht seitdem das

---

[14] Mommsen, Margareta: Wer herrscht in Russland? Der Kreml und die Schatten der Macht, Verlag C.H. Beck, München, 2003, S.163

[15] in Rahr, Alexander: Wladimir Putin. President Russlands - Partner Deutschlands, Universitas Verlag, München, 2002

[16] Vgl. Schröder, Hans-Henning: Politisches System und politischer Prozess. Informationen zur politischen Bildung, Heft 281. Online im Internet. URL: http://www.bpb.de/publikationen/7B7WKS,0,0,Politisches_System_und_politischer_Prozess.html

russische Parlament. Die Dumawahl von 2003 zeigt auch die grundsätzliche Schwäche der politischen Parteien in Russland: Denn nicht eine Partei hat die Wahl gewonnen, sondern der in der Bevölkerung beliebte Präsident Wladimir Putin. Denn Putins „Einheit Russlands“ hatte mit 37,6 % der Stimmen und 104 Direktmandaten die absolute Mehrheit im Parlament eigentlich gar nicht erreicht. Aber viele Abgeordnete kleiner Parteien, die gerne zur Regierungspartei gehören wollten, wechselten die Fraktion und sicherten Putins „Einheit Russlands“ eine Zweidrittelmehrheit im Parlament.[17] Auch bei den letzten russischen Präsidentschaftswahlen am 14. März 2004 hat Wladimir Putin mit mehr als 70 Prozent der Stimmen einen Sieg errungen. Wenngleich international die Kritik an den demokratischen Defiziten in Russland wieder wächst, genießt Putin in seinem Land großen Rückhalt. Putin hatte keinen ernsthaften Gegenkandidaten. Die Massenmedien setzten sich nur für den Präsidenten ein.

Wichtig ist hier auch festzuhalten, dass das russische Volk, bedingt durch seine Geschichte, keine demokratische Tradition besitzt. Dazu kommen noch die starken wirtschaftlichen Probleme der meisten Russen. Deshalb ist das Interesse der Russen an der Demokratisierung vergleichsweise gering: Bei einer repräsentativen Umfrage im Oktober 2003 gaben 61% der Befragten an, dass eine florierende Wirtschaft die Hauptaufgabe der Regierung sei. Nur 13% nannten die Stärkung der Demokratie als das Wichtigste.[18]

In gleicher Weise wird auch heute eine wirtschaftliche Maßnahme, wie die Gaspipeline, die direkt von Russland aus am Grunde der Ostsee nach Deutschland führen soll und von Putin gemeinsam mit Schröder initiiert wurde, bei der russischen Bevölkerung sehr begrüßt.

---

[17] Vgl. Wieck, Jasper: Parteien im System Putin. Russland auf dem Weg zurück in die Einparteienherrschaft? In: Internationale Politik Nr. 3, März 2004, S. 27

[18] Vgl. Pflüger, Friedbert: Kritik muss erlaubt sein. Russland ist kein Ausnahmepartner. Internationale Politik Nr. 3, März 2004, S. 26

4.2 Politische Maßnahmen

4.2.1 Föderalreform

Zu den ersten Schritten der neuen Regierung Putin gehörte die Föderalreform, die dazu diente, die Macht des Präsidenten zu stärken. Der Einfluss der Gouverneure in den Regionen wurde jetzt erheblich eingeschränkt. Dies glückte allerdings nicht in allen Regionen.[19]

Nach der Tragödie von Beslan im September 2004, bei der tschetschenische Rebellen eine ganze Schule mit Lehrern und Kindern in ihre Gewalt brachten und die meisten der Geiseln töteten, will Putin die Zentralisierung noch weiter vorantreiben. Dieses Vorgehen stellt das Fortbestehen des russischen föderalen Systems in Frage.[20]

4.2.2 Kampf gegen ausgewählte Oligarchen

Eine weitere Maßnahme Putins ist der Kampf gegen die ihm nicht gefügigen mächtigen Männer der Wirtschaft, gegen die Oligarchen. Von ausländischen Beobachtern wird Putin immer wieder vorgeworfen, durch diesen Kampf seine möglichen politische Konkurrenten aus dem Weg zu räumen.

In Wirklichkeit ist die Situation differenzierter zu sehen. Wer sind die russischen Oligarchen?
Unter russischen Oligarchen versteht man die etwa 10 bis 15 reichsten Leute Russlands, die Vertreter der russischen business-Elite.
„Der Siegeszug der Oligarchen, jener Gruppe von zehn Moskauer Magnaten, die ihren Einfluss auf die Politik des Landes offen zur Schau stellten, schien bis 1998 unaufhaltsam. Ihre Namen waren inzwischen in aller Munde: Rem Wjachirev, Boris Beresowski, Wladimir Gussinski, Wagit Alekperow,

---

[19] Vgl. Schröder, Hans-Henning: Politisches System und politischer Prozess. Informationen zur politischen Bildung, Heft 281. Online im Internet. URL: http://www.bpb.de/publikationen/7B7WKS,0,0,Politisches_System_und_politischer_Prozess.html

[20] Vgl. Maćków, Jercy: Demokratie mit Adjektiven? Die Kontinuität des Autoritarismus in Russland unter Jelzin und Putin. Blick in die Wissenschaft, Heft 16, 13. Jahrgang 2004, S. 50

Wladimir Potanin, Michail Freidman, Michail Chodorkowski u.a."[21]
Der größte Teil dieser Menschen hatte in den Zeiten der großen Unordnung nach dem Zerfall der Sowjetunion schnell das große Geld gemacht, und in dem von Putin geschaffenen Rahmen wollten sie Millionen in ihre eigene Tasche wirtschaften, ohne dafür Steuern an den Staat zu zahlen. „Auf dem politischen Olymp hatte jeder von ihnen ‚seine' Minister, Beamten und Abgeordneten. Diese Gruppe von Moskauer Großeigentümern ist dafür verantwortlich, dass sich im Lande das Gefühl ausbreitete, der Staat selbst sei privatisiert, alle wichtigen Entscheidungen würden von den ‚Geldsäcken' getroffen."[22]

Die Politik Putins, die deutsche Investoren von Russland eher abschreckte, stellte sich in seiner Auswirkung so dar: Das Medienimperium von Aleksander Gusinskij wurde zerschlagen, Putin entriss Boris Beresowskij die Kontrolle über das russische Staatsfernsehen. In den deutschen Medien besonders präsent ist der Fall von Michail Chodorkowskij, Ex-Vorstand des Mineralölunternehmens Jukos, der als der reichste Mann Russlands galt. Er war wegen des Vorwurfs der Steuerhinterziehung, sowie weiterer Anklagepunkte mehrere Monate in Untersuchungshaft und ist jetzt zu einer langjährigen Gefängnisstrafe verurteilt.

In Wirklichkeit ist dies sozusagen ein Kampf gegen korrupte Mafia-Organisationen, der in der russischen Bevölkerung Zustimmung gefunden hat, wie man sehr gut aus dem 80-prozentigen rating Putins sehen kann. Was die Oligarchen angeht ist heute klar: Putin hat Recht behalten. Boris Beresovskij, der sich zur Zeit mit verdeckter Identität in London versteckt, hat in einem offiziellen Interview mit verschiedenen Medien zugegeben, dass er nicht nur einer der Investoren zugunsten der Orangen Revolution in der Ukraine war, sondern dass er seit einigen Jahren eine Revolution, oder die

[21] Kryschtanowskaja Olga: Anatomie der russischen Elite. Die Militarisierung Russlands unter Putin, Kiepenheuer & Witsch Verlag, Köln, 2005, S.199
[22] Kryschtanowskaja Olga: Anatomie der russischen Elite. Die Militarisierung Russlands unter Putin, Kiepenheuer & Witsch Verlag, Köln, 2005, S.199

Übernahme der Macht in Russland, mit Gewalt vorbereitet. Der britische Innenminister erklärte daraufhin, dass Beresowskij nach seinen letzten Offenbarungen nicht mehr als politischer Flüchtling in England angesehen werden kann. Was den Fall Chodorkowskij angeht, wurde von der Generalstaatsanwaltschaft nachgewiesen, dass er Steuern in Höhe von mehr als einer Milliarde US-Dollar hinterzogen hat. Putin, als Staatsoberhaupt, tut seine Pflicht, wenn er das Land vor der Ausbeutung durch die Oligarchen rettet.

4.2.3 Macht über Massenmedien

Seit Putins Wahl im Frühjahr 2000 versucht der Kreml mit direktem Druck, aber auch mittels der Finanzämter und Steuerbehörden, die Medien auf Kurs zu bringen.

Gleichzeitig mit der Entmachtung von Aleksander Gusinskij und Boris Beresowskij beginnt Putin nun auch die Macht über die elektronischen Massenmedien zu gewinnen. Die Medien, die auf den ersten Blick noch vom Staat unabhängig scheinen, gehören sogenannten Finanz-Industriegruppen, also Oligarchen. Viele von ihnen fürchten eine Strafverfolgung durch die von der Regierung kaum unabhängigen Verfolgungsbehörden; oder sie müssen befürchten, dass die vom Staat vorgenommenen Privatisierungen zurückgenommen werden. Das Ergebnis: Die Massenmedien berichten ausführlich über die Politik des Präsidenten – allerdings ohne jemals Kritik an ihm zu äußern. Vor den Präsidentschaftswahlen kam die politische Opposition in den Massenmedien praktisch gar nicht mehr zu Wort.

Die Bilanz der Organisation „Reporter ohne Grenzen" (RsF) von 2002 spricht in Bezug auf Russland Bände: Zehn Journalisten und drei Mitarbeiter wurden in jenem Jahr ermordet. Das sind mehr als in jedem anderen osteuropäischen Land. Zwei wurden von Unbekannten verschleppt, 18 verprügelt, 14 verhaftet, einer zu Gefängnis verurteilt. [23] Nach RsF

[23] Vgl. Aretz, Eckart: Berichterstattung ohne Zufall. Online im Internet. URL: http://www.tagesschau.de/aktuell/meldungen/0,1185,OID3035984_TYP6_THE3035848_NAV_REF1_BAB,00.html. Stand: 06.12.2005

nimmt Russland für 2004 auf der Rangliste der Pressefreiheit Rang 140 ein.[24]

Die Ereignisse während und nach dem blutigen Geiseldrama in Beslan, bei dem Anfang September 2004 350 Menschen starben, zeigen eindrucksvoll, wie schwer es augenblicklich in Russland ist, unabhängigen Journalismus zu betreiben: Die Putin-Kritikerin Anna Politkowskaja von der Nowaja Gaseta wurde auf dem Flug nach Beslan vergiftet, der Radioreporter Andrej Babizkij von Radio Swoboda wurde auf dem Weg nach Beslan in eine Handgreiflichkeit verwickelt und fünf Tage inhaftiert. Am bemerkenswertesten ist aber wohl die Entlassung des Chefredakteurs der Iswestija, Raf Schakirow, am 4. September 2004. Seine Zeitung hatte vor und nach dem Geiseldrama immer wieder Darstellungen der Ereignisse veröffentlicht, die den Publikationen der Behörden widersprachen. Nach Einschätzung der russischen Journalistin Elena Rykowzewa, Redakteurin des Moskauer Büros von Radio Swoboda, wurde Schakirow entlassen, weil seine Darstellung der Realität entsprach und die Regierung in ungünstigem Licht erscheinen ließ. Der Eigentümer der Iswestija, Wladimir Potanin, muss sich, wie viele andere Oligarchen, vor Enteignung und Strafverfolgung durch den russischen Staat in Acht nehmen.[25]
Nach den Anschlägen von Beslan wurde die Pressefreiheit weiter eingeschränkt.

4.3 Der Tschetschenien-Konflikt

In einer der wunderschönen U-Bahn Stationen in Moskau sieht ein junger Mann eine gutaussehende junge Frau, die beim Aussteigen aus der Bahn ihren Rucksack vergisst. Der Mann sagt zu ihr: Entschuldigen Sie, Sie haben Ihre Tasche vergessen! Er bekommt aber weder ein ‚danke

[24] Vgl. Reporter ohne Grenzen: Rangliste zur Situation der Pressefreiheit weltweit. Rangliste 2004. Online im Internet. URL: http://www.reporter-ohne-grenzen.de/cont_dateien/indpres.php
[25] Vgl. Rykowzewa, Elena: Abgestraft für gute Arbeit. Message, 4. Quartal 2004, S. 66 ff.

schön', noch die Telefonnummer der unbekannten Schönen, dafür nur: Allah Akbar. ---

Wuummm !

Diesen bösen Scherz habe ich in einer U-Bahn Station in Moskau von zwei jungen Menschen gehört. Nur ein so starkes Volk wie die Russen, kann so über die schreckliche Realität und Angst vor dem Terrorismus, mit Tränen in den Augen, lachen.

Der Krieg in Tschetschenien ist wohl das umstrittenste Kapitel der Regierungszeit Putins, und es ist durchaus möglich, dass Putins eigene politische Karriere eng mit den Ereignissen im Kaukasus verknüpft sein wird.

Während ein Großteil der Bevölkerung der Meinung ist, dass die Vorgeschichte und der Anfang des Konflikts erst in die Mitte der 80er Jahre zu legen seien, spricht die Geschichte eine andere Sprache. Russland hatte schon im 18. und 19. Jahrhundert große Schwierigkeiten mit Tschetschenien. Der Historiker und Vorsitzende der Deutsch-Russischen Parlamentariergruppe im Deutschen Bundestag, Gernot Erler, schreibt : „Das Zarenreich musste im 18. und 19. Jahrhundert jahrzehntelange verlustreiche Kämpfe führen, bis es gelang, die nordkaukasischen Bergvölker zu unterwerfen. Dabei entstanden viele Legenden um den Freiheitswillen besonders der Tschetschenen.“ [26]

Auch in der Literatur des 19. und 20. Jahrhunderts gibt es genügend Beispiele für den Kampf der Tschetschenen gegen die Russen und Erzählungen rund um die Helden, die gegen Russland gekämpft haben, wie z.B. um Imam Schamil, wo es einmal heißt: „Die Kämpfe flammten immer wieder auf, auch nach der Oktober Revolution.“ [27] Das tschetschenische Problem in der Sowjetunion konnte nur durch die un-

---

[26] Erler, Gernot: Russland, Putins Staat - der Kampf kommt um Macht und Modernisierung, Verlag Herder Freiburg im Breisgau, 2005, S.23

[27] Erler, Gernot: Russland, Putins Staat - der Kampf kommt um Macht und Modernisierung, Verlag Herder Freiburg im Breisgau, 2005, S.23

geheure und diktatorische Politik Stalins bewältigt werden, indem er 400.000 Tschetschenen deportierte, von denen ein Fünftel ihre Verschleppung nicht überlebte.

Heute versuchen manche Journalisten und Politiker, die dem jetzigen russischen Präsidenten kritisch gegenüber stehen, ebenso die heutige Opposition und ferner diejenigen, die durch Kritik an der Tschetschenien-Politik Putins (die in den USA recht gerne gehört wird) Kapital für sich herausschlagen wollen, die Meinung zu unterstützen, dass die Schuld an dem Krieg in Tschetschenien in der unnachgiebigen Politik Boris Jelzins lag und gleichermaßen in der machterhaltenden Politik Putins. Solche Gedanken werden systematisch von verschiedenen Fernsehkanälen und Zeitungen verbreitet. Der Grundkurs russische Geschichte in der Schule lehrte uns andere Gründe, nämlich historische Wurzeln des Konfliktes. Zusammenfassend bleibt also festzuhalten, dass dieser Völkerkonflikt schon seit Jahrhunderten besteht.

Mit dem Zerfall der Sowjetunion, gab es nicht nur in der Ukraine, Weißrussland und anderen Republiken der UdSSR separatistische Bestrebungen, sondern diese flammten auch in Tschetschenien wieder auf. Dort ging es, wie in der gesamten ehemaligen Sowjetunion Anfang der 90er Jahre, wirtschaftlich bergab. Im Gegensatz zur Ukraine, die sich immerhin noch mit ihrer Industrie über Wasser halten konnte, ging es den Tschetschenen ziemlich schlecht. Sie hatten keine Industrie, eine schlechte Infrastruktur, viele Menschen wurden arbeitslos und verarmten. Einzelne tschetschenische Gruppen engagierten sich für größere kulturelle Freiheiten. Aus ihnen entwickelte sich eine Oppositionsbewegung, deren Führung 1990 der ehemalige sowjetische Luftwaffengeneral Dschochar Dudajew übernahm. Als die Sowjetunion 1991 zerfiel, konnte Dudajews Oppositionsbewegung die von Moskau eingesetzte lokale Parteiführung in Tschetschenien stürzen. Russland verlor die Macht über Tschetschenien. Im November 1991 rief Dudajew sogar einen unabhängigen Staat aus.

Gleichzeitig entwickelte sich in Tschetschenien eine ausgedehnte Schattenwirtschaft und es entstanden Zentren für illegale Geschäfte. Erpresserische Geiselnahmen und die Aktionen islamistischer Gruppen verschärften die Lage. Die Regierung Dudajews schien unfähig zu sein diese Probleme zu lösen.

Im November 1994 beschloss Präsident Jelzin die gewaltsame Entmachtung Dudajews. Der Krieg, der Hunderten von Soldaten und Zivilisten das Leben kostete und unter dem vor allem die Zivilbevölkerung litt, endete schließlich mit einer russischen Niederlage: Moskau erklärte im Sommer 1996 den Abzug seiner Truppen bis Januar 1997. Tschetschenien blieb zwar völkerrechtlich Teil der Russischen Föderation, faktisch wurde es aber unter dem neuen Präsidenten Aslan Maschadow unabhängig. Ihm gelang es aber nicht, das vom Krieg zerstörte Land politisch und wirtschaftlich zu stabilisieren.[28] Die wirtschaftliche Lage verschlechterte sich weiter, erpresserische Entführungen nahmen zu, der Islamismus verbreitete sich vor allem unter den jungen Tschetschenen.

Im Sommer 1999 überfiel dann der tschetschenische Feldkommandeur Schamil Bassajew mit seinen islamistischen Kämpfern einige Dörfer im benachbarten Dagestan, das ebenfalls zu Russland gehört. Dort rief er eine islamische Republik aus und verkündete das strenge islamische Recht, die Scharia. Boris Jelzin ernannte darauf hin Wladimir Putin zum Ministerpräsidenten. Putin erklärte die Bekämpfung der Islamisten und Separatisten in Tschetschenien zu seiner wichtigsten politischen Aufgabe.

Die innenpolitische Lage in Russland verschärfte sich, als im September 1999 mehr als 300 Zivilisten durch Bombenanschläge auf russische Wohnhäuser starben. Für die russischen Behörden waren die Schuldigen schnell klar: Die Anschläge wurden tschetschenischen Terroristen zur Last gelegt. In Russland hielten sich dagegen Gerüchte, dass der russische Inlandsgeheimdienst in die Terrorakte verstrickt sei.

---

[28] Vgl. Schlaphoff, Marc: Brüchige Unabhängigkeit in den 1990er Jahren. Online im Internet. URL: http://www.tagesschau.de/aktuell/meldungen/0,1185,OID2107670_TYP6_THE2110382_NAV_REF1_BAB,00.html. Stand: 06.12.2005

Die russische Führung nahm die Bombenanschläge und den Überfall auf Dagestan zum Anlass, im Herbst 1999 wieder in Tschetschenien einzumarschieren. Die russischen Sicherheitskräfte trieben die tschetschenischen Kämpfer in die schwer zugänglichen Gebirgsregion im Süden des Landes. Von dort aus führen seither tschetschenische Gruppen einen brutalen Partisanenkrieg.

Menschenrechtsgruppen kritisieren seit Kriegsbeginn das unmenschliche Vorgehen der russischen Sicherheitskräfte gegen die tschetschenische Zivilbevölkerung. Die russische Führung spricht dagegen öffentlich von einer Rückkehr zum normalen Leben in Tschetschenien. Dazu betreibt der Kreml eine ‚Tschetschenisierung' des Konflikts. Die Einsetzung Achmed Kadyrows als Präsidenten - mittels einer Wahl unter zweifelhaften Umständen - war Teil dieser Maßnahme. Kadyrow wurde am 9. Mai 2004 bei einem Bombenanschlag getötet.
Ende August wurde der vom Kreml favorisierte Politiker Alu Alchanow zum neuen Präsidenten gewählt. Auch diese Wahl war von Vorwürfen der Manipulation begleitet. Alchanow kündigte ein hartes Vorgehen gegen die nach Unabhängigkeit strebenden Rebellen an. Am Wahltag hat sich der Verdacht bestätigt, dass auf die, wenige Tage zuvor fast zeitgleich abgestürzten Passagiermaschinen Terroranschläge verübt worden waren.

Einen vorläufigen Höhepunkt erreichte der Konflikt, als am 1. September 2004 tschetschenische Kämpfer die Schule von Beslan in ihre Gewalt brachten. Russische Truppen stürmten die Schule und Hunderte von Geiseln und einige der Geiselnehmer wurden getötet.[29] Ein Frieden im Nordkaukasus ist unter den herrschenden Bedingungen in weite Ferne gerückt.
Bundeskanzler Schröder setzte damals in seiner Außenpolitik ein deutliches NEIN zu dem bewaffneten Konflikt im Irak und konnte die Bundesrepublik dort aus dem Kampfgeschehen heraushalten. Ob Schröders Haltung Präsident Putin

---

[29] Vgl. Schlaphoff, Marc: Putin und der tschetschenische Knoten. Online im Internet. URL:http://www.tagesschau.de/aktuell/meldungen/0,1185,OID2108902_TYP6_THE2110382_NAV_REF1_BAB,00.html. Stand:06.12.2005

beeindruckte und bei ihm ein Umdenken in Gang setzte, den Tschetschenien-Konflikt weiter zu entschärfen und das Land zu befrieden, wird wohl erst die Geschichte erweisen können.

4.4 Die wirtschaftliche und kulturelle Situation

4.4.1 Wirtschaftliche Erfolgsgeschichte

Im Bereich der Wirtschaft hat die Regierung Putin einige Erfolge zu verzeichnen. Putin hat wichtige Positionen mit liberalen Wirtschaftsreformern besetzt, ein klares Wirtschaftsprogramm verkündet und er fördert entschlossen die wirtschaftliche Weiterentwicklung.[30] Das Ergebnis seiner Politik lässt sich sehen. In den letzten fünf Jahren wuchs die russische Wirtschaft stark an, alleine im Jahr 2003 um sechs Prozent. Der nationale Außenhandel ist stabil im Plus, die Industrieproduktion steigt, Außenhandel und Devisenreserven wachsen, ausländische Direktinvestitionen kommen ins Land. Die Rating Agentur Moody's verlieh Russland sogar den begehrten Stern eines ‚investment grades'. Präsident Putin selbst erweist sich als Garant für zuverlässige Geschäfte zwischen Russland und Deutschland. In höheren deutschen Wirtschaftskreisen ist immer wieder davon die Rede, dass Putin der Mann ist, an den man sich stets wenden kann, wenn Partner aus Russland manchmal (in der für sie so neuen Marktwirtschaft) die Regeln nicht einhalten.

4.4.2 Moskau – das „Dritte Rom" und Weltwirtschaftsmetropole

> *„Moskau ist für Russland eine Notwendigkeit,*
> *Russland ist eine Notwendigkeit für St.-Petersburg."*
> *N.W.Gogol* [31]

Moskau wird gelegentlich als das „Dritte Rom" bezeichnet, wegen der Bedeutung des Moskauer Kremls für die Entwicklung des christlichen Glaubens, wegen der geschichtlichen

---

[30] Vgl. Leonhard, Wolfgang (Hrsg.): Was haben wir von Putin zu erwarten? Innen- und außenpolitische Perspektiven Russlands. Erfurt, Sutton Verlag, 2001, S. 22

[31] Gogol. N.W. in: Hamel, Christine: Russland, DuMont Verlag, Köln 2004, S.14

Ereignisse und des Einflusses aus Byzanz. Schon der russische Mönch Filofej des Eleazarow-Klosters in Pleskau, in der ersten Hälfte des 16. Jahrhunderts, sprach vom „Dritten Rom", da nach seiner Auffassung Rom und Konstantinopel (das Zweite Rom) untergegangen seien, weil sie den richtigen Glauben verloren hatten.[32] „Russland versteht sich seit dieser Zeit als Bewahrer und Bannerträger byzantinischer Traditionen auf religiös-kulturellem, sowie auf politischem Gebiet. Dieses Selbstverständnis sollte über Generationen hin der imperialen Politik der Zaren die Richtung geben. Der russische Souverän galt als der einzig legitimierte Herrscher der Christenheit in der Nachfolge von Rom und Byzanz." [33] Rjurik, der erste Moskauer Herrscher und Begründer der ganzen Dynastie, soll nach einer Legende aus dem Geschlecht des römischen Kaisers Augustus stammen, die legendäre Schapka Monomaha (Kappe des Monomachs) mit der Moskauer und später russische Zaren gekrönt wurden, wurde vom byzantinischen Kaiser Konstantin dem neunten Monomachos geschenkt. Das alles erhebt Moskau zu einem historischen und religiösen Zentrum, zum Herzen Russlands.

Heute ist Moskau eine Weltmetropole, offiziell mit 12 Millionen Einwohnern und inoffiziell eine 20 Millionen Stadt, mit den höchsten Immobilienpreisen der Welt, mit Porsche Autohäusern neben Tausenden von Obdachslosen. Nach Berichten, die vor wenigen Jahren im Deutschen Fernsehen zu sehen waren, ist Moskau weltweit die Stadt mit der größten Anzahl an deutschen Mercedes 600 Limousinen. Ein Besucher aus der russischen Provinz würde wohl feststellen, dass das Aussehen des heutigen Moskau nicht mehr viel mit dem wahren, traditionellen Russland zu tun hat. Meiner Meinung nach dient Moskau, heute ebenso so wie früher, der russischen nationalen Selbstdarstellung, aber eben der Darstellung des heutigen erfolgreichen, starken, einflussreichen Russland mit einer mondänen Hauptstadt – ein Russland, an das sich die Bewohner der Metropolen Moskau und Sankt Petersburg schon längst gewöhnt haben.

---

[32] vgl. Brockhaus Enzyklopädie, ‚Filofej', 17.Auflage, sechster Bd. Wiesbaden 1968, S.255

[33] Hamel, Christine: Russland, DuMont Verlag, Köln 2004, S.23

Mit dem Ziel, dem ganzen Land, allen „Untertanen der Russischen Föderation“ und der ganzen Welt das Herz des Landes in neuem Licht und Glanz zu zeigen, wurde ein besonderes Jubiläum der Stadt auserkoren. „Im September 1997 standen die Feiern zum 850-jährigen Bestehen der Stadt Moskau an. Dieses Ereignis bot einen idealen Anlass, um die ruhmreiche russische Geschichte in Erinnerung zu rufen und zum Gegenstand der Inszenierung nationaler Größe zu machen. Die russische Führung, wie die politische Klasse der Metropole, feierten den Geburtstag der Stadt an der Moskwa drei Tage lang. Übereinstimmend wurde die hohe Qualität der verschiedenen kulturellen Veranstaltungen gelobt, auf denen Weltstars wie Luciano Pavarotti und David Copperfield auftraten.“[34]

In nur wenigen Monaten wurden vor den Moskauer Geburtstagsfeiern etliche Sehenswürdigkeiten, historische Gebäude und - was für viele Moskauer das Wichtigste war - Kirchen, die nach der Revolution von den Kommunisten zerstört oder teilweise abgerissen worden waren, restauriert oder wieder aufgebaut. „Dazu gehörte die Kasaner Kathedrale auf dem Roten Platz, das Auferstehungstor in unmittelbarer Nähe des Historischen Museums und die Christus-Erlöser-Kathedrale im Zentrum von Moskau. Die Wiedereröffnung der Kathedrale mit ihren fünf glänzenden Goldkuppeln bildete den Höhepunkt der pompösen Feiern.“[35]

Seit der Revolution von 1917 waren die christlichen Kirchen unterdrückt, Repressalien wurden eingesetzt, um den christlichen Glauben auszurotten. In der sowjetischen Zeit mussten Gläubige, die in die Kirche gingen oder ihre Kinder taufen ließen, Angst haben und Nachteile hinnehmen. Heute gibt es wieder Platz für die Religion, so wie es Jahrhunderte lang der Fall war. Die Wurzeln der christlichen Bevölkerung konnten nicht ausgemerzt werden.

Bei der Eröffnung der Christus-Erlöser-Kathedrale waren Vertreter des Staates anwesend. Moskaus Bürgermeister

---

[34] Mommsen, Margareta: Wer herrscht in Russland? Der Kreml und die Schatten der Macht, Verlag C.H. Beck, München 2003, S.177

[35] Mommsen, Margareta: Wer herrscht in Russland? Der Kreml und die Schatten der Macht, Verlag C.H. Beck, München 2003, S.177

Jurij Luzkow stand einträchtig neben dem ehrwürdigen Patriarchen Alexij II. So erlebte Moskau, wie das ganze Russland, die Rückkehr der Menschen zur Kirche. Aber auch dieses erfreuliche, vielleicht auch zaghaft demokratische Zeichen der russischen Führung wurde im Ausland missverstanden. Der Kathedralen-Bau, den der russische Patriarch mit dem heiligen Segen der Kirche einweihte, wurde im Westen als „eine Neuauflage der sowjetischen Gigantomanie"[36] gesehen. „Manche sahen in dem Wiederaufbau den verwerflichen Versuch, die anti-europäischen, autokratischen, nationalkonservativen Prinzipien von Zar Nikolaus I. wiederzubeleben."[37] Solche Behauptungen westlicher Politiker wurden in den russischen Medien kritisch diskutiert und man kam zu dem Schluss, dass, was auch immer in Russland Positives entsteht, vom Westen negativ gesehen wird, gehe es um Wirtschaft, Politik oder auch um die heilige Kirche.

Doch das Moskau von heute ist nicht nur das Schaufenster des Landes, das man gerne im Ausland zeigt, sondern auch das potente Wirtschaftszentrum Russlands. „Etwa 70 Prozent des Kapitals der Russischen Föderation konzentrieren sich in Moskau, das sich zur Megacity entwickelt hat und Tag und Nacht gleich einem riesigen Kraftwerk stampft und brummt." [38]

„Während in der Innenstadt die Restitution des alten Moskau in vollem Gange ist und Moskaus ehrgeiziger Bürgermeister Jurij Luschkow an der Moskwa ein neues Wirtschaftszentrum hochziehen lässt, vollzieht sich die größte bauliche Veränderung auf dem Land rund um Moskau. Ein explosiver Bauboom erobert die letzten, nicht zersiedelten Grünflächen mit den Villen der Neuen Russen. So weit das Auge reicht, reihen sich Neubauten aneinander, häufig mit aberwitzigen Stilzitaten, die allein dem Prunk huldigen." [39] „Kaum etwas erin-

---

[36] Mommsen, Margareta: Wer herrscht in Russland? Der Kreml und die Schatten der Macht, Verlag C.H. Beck, München 2003, S.177

[37] Mommsen, Margareta: Wer herrscht in Russland? Der Kreml und die Schatten der Macht, Verlag C.H. Beck, München 2003, S.177

[38] Hamel, Christine: Russland, DuMont Verlag, Köln, 2004, S.76

[39] Hamel, Christine: Russland, DuMont Verlag, Köln, 2004, S.75

nert mehr an die Kapitale der Weltrevolution, vielmehr ist auch Moskau längst eine Kapitale des Weltgeschäfts." [40]

„Die Motive einer Moskau-Reise waren lange Zeit politischer Natur, als Ziel einer Kunst- und Bildungsreise rückte Moskau nur selten in den Blick. Auch die berühmten Moskaubesucher, wie etwa Walter Benjamin oder Oskar Maria Graf, Bertolt Brecht oder Heinrich Böll, pilgerten zur Stätte einer neuen Gesellschaftsordnung und verstanden sich eher als Mittler zwischen politischen Systemen denn zwischen kulturellen Welten." [41]

Im Ausland assoziieren noch viele Menschen Moskau mit alten James Bond Filmen, in denen Moskau primär als Quartier des KGB vorgestellt wird. „Noch Mitte der achtziger Jahre war Moskau vor allem eine Stadt zum Gruseln. Die, laut Spiegel, 100 000 Augen des KGB waren überall und sahen alles - und die Wände hatten mindestens ebenso viele Ohren. Erfahrene Diplomaten legten im Restaurant warnend den Finger auf die Lippen: ‚Nicht hier drinnen!' " [42] Andere beklagen, dass in der Weltmetropole so wenig vom altem, wahren russischen Moskau erhalten ist. „Moskau gibt es eigentlich nicht. Wenn Sie sich entschlossen haben, nach Moskau zu fahren, sollten Sie bedenken, dass Sie nach ‚Nirgendwo' fahren ... [Die Stadt] hat sich nämlich so weitgehend verflüchtigt, dass [sie] zu einer Chimäre geworden ist." [43] In dieser Stadt erinnert den Ausländer nur noch der Kreml an das alte, ehrwürdige Russland: „Der Kreml - das Zentrum Moskaus - ist so weit vom Leben der Stadt entfernt wie der Mount Everest. An den Kreml grenzt der Rote Platz, weit, windig und nicht weniger heilig, ein Ort der öffentlichen Zeremonien..." [44]

---

[40] Hamel, Christine: Russland, DuMont Verlag, Köln, 2004, S.75
[41] Hamel, Christine: Russland, DuMont Verlag, Köln, 2004, S.73
[42] Ryback, Andrzej: Tapetenwechsel, in: Das Journal in MERIAN, Merian 9/43, Hoffmann und Campe Verlag, S.12
[43] Jerofejew, Viktor: Mein Moskau, in: Merian 9/43, Hoffmann und Campe Verlag, S.30
[44] Jerofejew, Viktor: Mein Moskau, in: Merian 9/43, Hoffmann und Campe Verlag, S.30

4.5 Militarisierung Russlands – neue politisch-militärische Elite

Wo finden wir Elite vor? Sind es Persönlichkeiten, die in der Wirtschaft große Erfolge errungen haben und damit die Wirtschaft eines Landes kontrollieren? Oder sind es Künstler, die durch ihre Arbeit, ihre Kunst, das Gesicht des Landes im kulturellen Bereich im Ausland repräsentieren? Oder finden wir Elite vielleicht im Militär vor, sind es die Führungskräfte? Oder auf der politischen Ebene? Oder gar in den Medien, sind es Redakteure, die für die öffentliche Meinung mitverantwortlich sind?

Der Begriff Elite wurde am Übergang vom 19. zum 20. Jahrhundert von den italienischen Soziologen V. Pareto und G. Mosca geprägt und eine Elitentheorie wurde aufgestellt. „Damit war ein neuer Forschungsgegenstand gefunden - die Untersuchung der Machtverhältnisse hinter der Fassade des Establishments, der realen Verteilung der Machtmittel in der Gesellschaft."[45] Nach Vilfredo Pareto ist eine Elite eine Gruppe von Personen, die für ihre berufliche Tätigkeit Höchstnoten erhalten hat. Pareto vertritt die Auffassung, dass Vertreter der Elite nicht nur in Machtstrukturen zu finden sind, sondern in jedem Bereich.

Im heutigen Russland gibt es verschiedene Einzelpersonen, die sicherlich zur Elite gehören: z.B. Maja Plisetzkaja – die beste Balletttänzerin aller Zeiten, oder Juriy Bashmet - einer der besten Musiker der Welt. Diese Menschen gehören zur heutigen russischen Elite – zur kulturellen Elite. In dieser Studie werde ich mich jedoch, um den Rahmen nicht zu sprengen, auf die Militär–Elite konzentrieren, denn diese spielt in Russland eine prägende Rolle. Landläufig definiert man sie hier als eine Gruppe in der Gesellschaft, die für die Politik und das Leben des Landes in allen Bereichen verantwortlich ist.

Seit dem Ende der Jelzin Ära wurde die politische Elite zum größten Teil nach und nach ausgetauscht. In die Verwaltung des Landes kamen immer mehr neue Leute. Manche Beobachter erklärten den Wechsel mit dem ‚Lauf der Zeit'. Dem-

[45] Kryschtanowskaja Olga: Anatomie der russischen Elite. Die Militarisierung Russlands unter Putin, Kiepenheuer & Witsch Verlag, Köln 2005, S.150

nach konnten sich die alten Gesichter aus der Sowjetzeit in den Strukturen der Marktwirtschaft nicht mehr zurecht finden und gaben den Weg frei für Jüngere. Andere erklärten das Phänomen so, wie es in der letzten Zeit der Trend zu sein scheint, nämlich dass gezielt treuergebene hochrangige Militärs die Verantwortung übertragen bekommen haben, damit alle Fäden von oben gezogen werden können. Olga Krystchtanowskaja macht ihre eigenen Beobachtungen: „Nach dem Sieg des Oberstleutnants der Staatsicherheit Wladimir Putin bei der Präsidentschaftswahl des Jahres 2000 ergoss sich ein Strom von Uniformträgern in die Machtstrukturen.“ [46] Die Autorin behauptet, dass jeder vierte Angehörige dieser Elite aus dem Militär kommt und ihre Zahl wächst weiter.[47] Dieser Vorgang wurde bereits als Militarisierung Russlands bezeichnet und genau darin sieht die Opposition die Gefahr einer Verlangsamung der demokratischen Prozesse in Russland.

Dem Kreml wird auch vorgeworfen, dass mit dem wachsenden Einfluss der Militärelite im Lande entsprechend die Ausgaben des Staates für Verteidigung und Sicherheit steigen. Man kann sich darüber streiten, ob es richtig ist mehr Geld in die Sicherheit zu investieren, als etwa in das Gesundheitswesen. Wenn man sich natürlich den Fall von Beslan vor Augen führt, wird schnell klar, unter welchen Ängsten vor Terrorismus sich nicht nur die größeren Städte in Russland befinden, sondern, dass auch kleinere Ortschaften sich oft hilflos und ohnmächtig fühlen. Da ist Sicherheit sehr wohl ein berechtigtes Anliegen, auch wenn es hohe Summen verschlingt. Der heutige Regierungsstil wird mit keinem geringeren Ausdruck als ‚Staatskapitalismus' umschrieben. „Ein Staatskapitalismus mit harter, zentralisierter Kontrolle – das ist die Gesellschaft, die der neuen Machtelite vorschwebt.“ [48] Und dennoch finden Putin und seine Regierung, wie zahlreiche Befragungen immer wieder bestätigen, bei der Bevölkerung große Zustimmung. Kreml-kritische Politiker erklären

[46] Kryschtanowskaja Olga: Anatomie der russischen Elite. Die Militarisierung Russlands unter Putin, Kiepenheuer & Witsch Verlag, Köln, 2005, S.150
[47] Vgl. Kryschtanowskaja Olga: Anatomie der russischen Elite. Die Militarisierung Russlands unter Putin, Kiepenheuer & Witsch Verlag, Köln, 2005, S.150
[48] Kryschtanowskaja Olga: Anatomie der russischen Elite. Die Militarisierung Russlands unter Putin, Kiepenheuer & Witsch Verlag, Köln, 2005, S.168

dies damit, dass Putin endlich Ordnung in ein so riesiges Land bringt und dass die Russen es gewöhnt sind von starker Hand regiert zu werden. Autoren wie Olga Krystanovskaya nennen Präsident Putin stets „Oberstleutnant der Staatssicherheit". [49]

Olga Krystanovskaya wirft Putin auch vor, dass er in Russland ein neo-autoritäres Regime gebildet habe: „Der Neo-Autoritarismus der Putin`schen Militokratie koexistiert mit eingeschränktem Meinungspluralismus, Privateigentum und einigen bürgerlichen Freiheiten." [50] Dennoch ist es erstaunlich, dass in einem solchermaßen autoritären Land russische und auch ausländische Fernsehanstalten, die ihre Programme in Russland ausstrahlen, ein großes Maß an Meinungsfreiheit für sich in Anspruch nehmen können.

Eine der bekanntesten russischen Journalistinnen Anna Politkovskaja (inzwischen unter ungeklärten Umständen verstorben) sieht in dem Prozess der Militarisierung Russlands eine Gefahr für die Entwicklung der Demokratie. Wenn es um politische und gesellschaftliche Prozesse in Russland geht, kommt man am Ende immer zur Person von Putin. Anna Politkowskaja beschreibt Putin folgendermaßen: „...ein typischer Oberstleutnant des sowjetischen KGB mit der beschränkten, provinziellen Weltanschauung eines Oberstleutnants und dem unansehnlichen Aussehen eines Oberstleutnants, der es nicht einmal zum Oberst geschafft hat, mit den Manieren eines Offiziers der sowjetischen Geheimpolizei, der es gewöhnt ist, seinen Mitmenschen nachzuspionieren..."[51] Vielleicht sind die Tatsachen, die von manchen Politikern und Journalisten so kritisch gesehen werden, genau die Gründen dafür, dass das russische Volk Putin auch in die zweiten Amtsperiode gewählt hat? „... ‚Diktatur des Gesetzes', 'starker Staat' und ‚Vertikale der Macht' waren Reizworte, mit denen Putin im Handumdrehen das Vertrauen der

---

[49] Vgl. Kryschtanowskaja Olga: Anatomie der russischen Elite. Die Militarisierung Russlands unter Putin, Kiepenheuer & Witsch Verlag, Köln, 2005, S.168

[50] Kryschtanowskaja Olga: Anatomie der russischen Elite. Die Militarisierung Russlands unter Putin , Kiepenheuer & Witsch Verlag, Köln, 2005, S.168

[51] Politkovskaja,Anna: In Putins Russland, DuMont Verlag, Köln, 2005, S. 290

Menschen eroberte und es nach Ablauf der ersten Amtsperiode mit traumhaften 70 Prozent immer noch genießt.“ [52]

4.6 Die soziale Krise

Obwohl die verfügbaren Realeinkommen gestiegen sind, profitiert das russische Volk dennoch nur wenig von den wirtschaftlichen Erfolgen.[53] 40 Millionen Russen leben unterhalb der Armutsgrenze. Zudem vergrößert sich der Abstand zwischen Arm und Reich immer mehr. Die Folge ist schon seit Jahren eine soziale Krise. Ergebnis der anhaltenden sozialen Krise ist ein Bevölkerungsschwund und ein Absinken der Lebenserwartung.[54] Die starken Einkommensunterschiede führen zu sozialen Spannungen.[55]

Auch das russische Gesundheitssystem krankt, die staatliche Gesundheitsversorgung ist zusammengebrochen, für Gesundheitsleistungen hat sich ein grauer Markt entwickelt, auf dem Tauschgeschäfte die Regel sind und bei zahlungskräftige Kunden Direktzahlung erwartet wird.[56] Zudem haben sich seit dem Zusammenbruch der Sowjetunion die Wohnverhältnisse und auch die hygienischen Bedingungen deutlich verschlechtert. Circa ein Drittel der russischen Bevölkerung leidet unter Mangelernährung, den starken Umweltbelastungen und individuellem täglichen Überlebensstress.[57] Dazu kommt

---

[52] Donath, Klaus-Helge: Putins Russland und die zivile Gesellschaft - Putin in ziviler Gesellschaft? In Gorzka, Gabriele; Schulze, Peter W. (Hg.): Wohin steuert Russland unter Putin, Campus Verlag, Franfurt/New York 2004, S.280

[53] Vgl. Auswärtiges Amt: Russische Föderation. Wirtschaft. Online im Internet.URL: http://www.auswaertiges-amt.de/www/de/laenderinfos/laender/laender_ausgabe_html?type_id=12&land_id=140. Stand: 06.12.2005

[54] Vgl. Pflüger, Friedbert: Kritik muss erlaubt sein. Russland ist kein Ausnahmepartner. Internationale Politik, Nr. 3, März 2004, S. 23

[55] Vgl. Schröder, Hans-Henning: Politisches System und politischer Prozess. Informationen zur politischen Bildung, Heft 281. Online im Internet. URL: http://www.bpb.de/publikationen/7B7WKS,0,0,Politisches_System_und_politischer_Prozess.html

[56] Vgl. Deutsches Ärzteblatt: Gesundheitssystem krankt. Der russische Gesundheitsminister lud Vertreter der Bundesärztekammer zum Erfahrungsaustausch ein. Jahrgang 97, Heft 33, 18. August 2000. Online im Internet. URL: http://www.aerzteblatt.de/v4/archiv/artikel.asp?id=23934. Stand: 06.12.2005

[57] Vgl. Deutsches Ärzteblatt: Gesundheitssystem krankt. Der russische Gesundheitsminister lud Vertreter der Bundesärztekammer zum Erfahrungsaustausch ein. Jahrgang 97, Heft 33, 18. August 2000. Online im Internet. URL: http://www.aerzteblatt.de/v4/archiv/artikel.asp?id=23934. Stand: 06.12.2005

eine Zunahme der chronischen Krankheiten wie AIDS und Tuberkulose. Auch Alkoholismus ist weit verbreitet.

4.7 Russlands Außenpolitik

Russland hat außenpolitisch vor allem ein Ziel: Putin will günstige äußere Bedingungen für die innere Stabilisierung und Entwicklung Russlands schaffen bzw. sichern. [58]
„Nach Putins Wahl Ende März 2000 kündigte Außenminister Igor Iwanow einen neuen Kurs in der russischen Außenpolitik an. Er solle den ‚Entwicklungen im Ausland' angepasst werden, hieß es lakonisch. In der Iswestija vom 11. April spezifizierte Iwanow, dass die ‚hauptsächliche Innovation' in der anvisierten neuen Doktrin zur Außenpolitik im ‚Realismus' liegen werde. Iwanow hielt hier auch fest, dass man ungeachtet der begrenzten Ressourcen der russischen Außenpolitik zuversichtlich davon ausgehe, weiterhin einen ‚angemessenen Platz in der Welt' zu behaupten." [59]

4.8 Öffnung Richtung Westen

Im Jahre 2001 traf Putin die Entscheidung, sein Land in Richtung Westen zu öffnen. Er erhofft sich von einer engen politischen und wirtschaftlichen Zusammenarbeit mit Europa und den USA eine Modernisierung und Stärkung seines Landes. Dabei dürften wirtschaftliche Interessen eine große Rolle spielen. Immerhin wickelt Russland bereits heute 45 % seines Außenhandels mit der EU ab.

Ab Mai dieses Jahres 2006 wird Russland für ein halbes Jahr den Vorsitz im Ministerkomitee des Europarates innehaben. Der deutsche Sozialdemokrat Rudolf Bindig und sein Kollege, der britische Konservative David Atkinson, kamen allerdings im Juni vergangenen Jahres zu dem Schluss, „dass Russland die Verpflichtungen, die es bei Aufnahme in die Organisation im Februar 1996 eingegangen ist, zu einem bedeutenden Teil nicht erfüllt habe. In Fragen des Staatsaufbaus, der Gesetzgebung und der Medienfreiheit

[58] Vgl. Danilow, Dmitrij: Russlands Interessen. Pragmatismus und Suche nach Balancen. Internationale Politik Nr. 3, März 2004
[59] Mommsen, Margareta: Wer herrscht in Russland? Der Kreml und die Schatten der Macht, Verlag C.H. Beck, München, 2003, S.200

habe sich das Land in den vergangenen Jahren sogar von den Standards entfernt, die für die Mitgliedstaaten des Europarats gelten.“[60] Der Europarat kritisiert Russland wegen seiner Menschenrechtslage und umgekehrt kritisiert Russland den Europarat wegen seiner Passivität bei Maßnahmen gegen den Terrorismus. So meinte Konstantin Kossatschow unlängst, „der Europarat gebe zu viel Geld für die Bekämpfung der Folter aus und tue zu wenig zur Bekämpfung des Terrorismus.“ [61]
Was die Ausrichtung nach Westen angeht, hat die Regierung in Moskau grundsätzlich zwei strategische Möglichkeiten. Einmal kann Russland die Zusammenarbeit mit dem Westen weiterhin hauptsächlich auf Europa konzentrieren. Grundsätzlich wäre es aber auch möglich, dass Russland den Schwerpunkt seiner Außenpolitik auf die USA verlagert. Dafür sprechen aus der Sicht Russlands die Stärke der USA, sowie die unterschiedliche Auffassung von Partnerschaft zwischen Europa und Russland. Während Europa eine Integration Russlands in Europa anstrebt, würde Russland lieber als gleichwertiger Partner anerkannt sein. Dies kam auch in den letzten Jahren durch die Transformation der G7 in G8 zum Ausdruck.

Im Sommer 2006 hat Russland erstmals in seiner Geschichte den Vorsitz der G-8-Staaten übernommen. „Diese Präsidentschaft soll im Juli mit einem glanzvollen Gipfeltreffen in Putins Heimatstadt St. Petersburg gekrönt werden. Als Hauptthema, so kündigte der Gastgeber an, werde die Sicherheit der weltweiten Energieversorgung auf der Tagesordnung stehen. Inzwischen hat das ‚Wall Street Journal', auf dem Höhepunkt des Gas-Konflikts mit der Ukraine, unter der Überschrift ‚Putins Mafia-Politik' eine abweichende Arbeitsthese formuliert: Die Übernahme des G8-Vorsitzes durch Russland sei ‚beinahe so absurd, wie es die Leitung der Uno-Kommission für Menschenrechte durch den Sudan wäre'. “ [62]

---

[60] Veser, Reinhard: Verstimmter Vorsitzender, Russland führt den Europarat, in: Frankfurter Allgemeine Zeitung, Freitag, 19.Mai 2006, Nr. 116, S.6

[61] Veser, Reinhard: Verstimmter Vorsitzender, Russland führt den Europarat, in: Frankfurter Allgemeine Zeitung, Freitag, 19.Mai 2006, Nr. 116, S.6

[62] Mayr, Walter: Duell ohne Leiche, in: Der Spiegel 2/2006, S.106

Öffnung Richtung Westen
Das Venedig des Nordens in Erwartung des G8 Gipfels

Nach Ansicht vieler Russen zeigt Europa zu wenig Bereitschaft, die russischen Interessen zu berücksichtigen, was aber nichts an der Haltung der Russen gegenüber Deutschland ändert. Deutschland ist und wird einer der wichtigsten Partner Russlands bleiben, unabhängig von der Zusammenarbeit Russlands mit der EU oder den USA.

Bisher zeigten die USA zwar kein Interesse an einer strategischen Partnerschaft mit Russland, dies kann sich aber ändern. Eine solche Partnerschaft könnte für die USA eine Möglichkeit sein, den neuen globalen sicherheitspolitischen Herausforderungen zu begegnen.[63]

4.9 Russlands Großmachtanspruch

Der russische Präsident Putin unterstreicht in seiner Außenpolitik immer wieder den Großmachtanspruch Russlands, die russische Tradition, den russischen Sonderweg. Er fordert, dass Russland als Großmacht anerkannt wird, dass man die politische Meinung der russischen Regierung respektiert und sie in wichtigen weltpolitischen Fragen zu Rate zieht. Allerdings ist Putin auch darauf bedacht, im Hinblick auf sein oberstes Ziel der inneren Stabilisierung und Entwicklung Russlands, die westlichen Partner nicht vor den Kopf zu stoßen. Denn Putin ist sich seiner Abhängigkeit vom Westen in politischer und vor allem wirtschaftlicher Hinsicht sehr wohl bewusst. [64]

Der Großmachtanspruch Russlands zeigt sich auch in den Reisen Putins nach China, Nordkorea und Kuba sowie in Russlands Zögern, den Westen in Situationen wie dem Kosovo-Konflikt oder bei den Auseinandersetzungen mit dem Irak vorbehaltlos zu unterstützen. Russland unterstreicht mit diesem Verhalten seine Eigenständigkeit und Unabhängigkeit gegenüber dem Westen.

Im etwas umstrittenen Fall des Gerichtsverfahrens gegen Slobodan Milosewitsch vor dem Internationalen Gerichtshof

---

[63] Vgl. Danilow, Dmitrij: Russlands Interessen. Pragmatismus und Suche nach Balancen. Internationale Politik Nr. 3, März 2004, S. 11 ff.

[64] Vgl. Leonhard, Wolfgang (Hrsg.): Was haben wir von Putin zu erwarten? Innen- und außenpolitische Perspektiven Russlands. Erfurt, Sutton Verlag, 2001, S. 22 f.

in Den Haag, der überraschend mit dem Tod des Angeklagten während der Verhandlungsphase endete, hat die russische Duma, das Parlament Russlands, ihre Kraft und Unabhängigkeit von der EU und den USA demonstriert. Als Parlament eines Gründerlandes der UNO forderte sie eine Erklärung für den zunächst unerklärlichen Tod. War der Tod etwa durch unterlassene Hilfe eingetreten? Im russischen Parlament gab es sogar Forderungen im Sinne einer Abschaffung des internationalen Gerichtshofes.

Obwohl Russland immer noch einer der größten Waffenexporteure der Welt ist und Armeen von Ländern wie China, Indien, Marokko und andere ganz mit russischen Waffen versorgt, ist das Land dennoch an einer globalen Stabilität und an Rüstungskontrolle interessiert. „Unterdessen läutete die überraschende Ratifizierung des Start-2-Abkommens über strategische Abrüstung am 14. April 2000 eine neue außenpolitische Ära ein. Die so lange verschleppte Annahme des Vertrages entsprach sowohl den Wünschen des russischen Militärs als auch der neuen Kremlführung, die beide starkes Interesse daran zeigten, den Abrüstungsprozess wieder in Gang zu bringen.“ [65] Mit dieser Ratifizierung zeigt Russland weltweite Verantwortung und einen moralischen Vorsprung gegenüber den USA.

Wie wir an den obigen Beispielen gesehen haben, versteht Russland seinen Großmachtanspruch nicht nur in territorialem Sinne, sondern auch in moralischem Sinn, ganz zu schweigen von seiner Rolle als Energie-Exporteur, der zuständig ist und sich verantwortlich fühlt für die energetische Sicherheit der Welt.

5 NATO-Osterweiterung

Im März 2004 traten die sieben Staaten Bulgarien, Estland, Lettland, Litauen, Rumänien, die Slowakei und Slowenien der NATO bei. Die neuen Bündnispartner Estland, Lettland

[65] Mommsen, Margareta: Wer herrscht in Russland? Der Kreml und die Schatten der Macht, Verlag C.H. Beck, München, 2003, S. 201

und Litauen waren einst Teilrepubliken der Sowjetunion. Diese NATO-Osterweiterung war von Russland von Anfang an abgelehnt worden, da es befürchtete, dass die USA nun Truppen ins Baltikum verlegen könnten. Letztlich nahm Russland die NATO-Osterweiterung hin, die russische Regierung zeigt sich aber weiterhin besorgt. Eine besondere Rolle spielt hierbei das russische Kaliningrad. Die russische Enklave ist einer der wichtigsten eisfreien Flottenstützpunkte Russlands. Nach dem NATO-Beitritt Lettlands befindet sich der Landzugang nach Kaliningrad auf NATO-Territorium.

Die Regierung der USA betont ausdrücklich, dass Russland von der NATO-Osterweiterung nichts zu befürchten habe, die größere NATO sei keine Bedrohung für Russland, sondern stelle vielmehr einen „Partner bei der Abwehr ‚globaler Gefahren' dar" [66], erklärte US-Außenminister Colin Powell kurz nach der Erweiterung.

Zusammenfassend kann man sagen, dass Russland die EU-Osterweiterung nach anfänglichem Zögern akzeptiert und teilweise sogar positiv beurteilt. [67]

6 Energetische Sicherheit

6.1 Energiehunger

Die meisten Kriege und Auseinandersetzungen in der Weltgeschichte sind geführt worden, um neuen Lebensraum zu erobern, zur Verbreitung einer Religion, oder um Bodenschätze zu gewinnen, wie Gold und Brillianten. Im 21. Jahrhundert gibt es immer noch Auseinandersetzungen aus jedem möglichen Grund, doch die wichtigsten Kämpfe, wie auch der Krieg der USA gegen den Irak, werden nicht mehr um Gold und Brillianten geführt, sondern um andere Rohstoffe. Wegen der unsicheren Situation im rohstoffreichen Osten, wegen dem immer wachsenden Rohstoffverbrauch der großen Staaten mit ihren Millionen von Einwohnern - wie etwa

---

[66] Vgl. Die Welt online: NATO-Osterweiterung nun offiziell. Online im Internet. URL: http://www.welt.de/data/2004/03/29/258146.html. Stand: 06.12.2005

[67] Vgl. Leonhard, Wolfgang (Hrsg.): Was haben wir von Putin zu erwarten? Innen- und außenpolitische Perspektiven Russlands. Erfurt, Sutton Verlag, 2001, S. 23

China, dem immer steigenden Verbrauch an Öl und Gas in Europa und Amerika, nicht zu vergessen „Indiens Energiehunger“[68], ist der Begriff ‚energetische Sicherheit’ entstanden. Wie die Überschriften der letzten Monate in allen Medien zeigen (>Gasstreit mit der Ukraine<, >Gaspeitsche des Kremls<, >Regierung stürzt über Erdgas-Deal< [69], >Moskaus Schlüsselrolle< [70]), ist Russland offenbar einer der wichtigsten Rohstofflieferanten der Welt.

6.2 Russland ein verlässlicher Gaslieferant?

„Die offiziellen Statistiken belegen es: Seit mehr als drei Jahrzehnten sind Tausende von Milliarden Kubikmetern russischen Erdgases in den europäischen Energieverbund eingeflossen. Russland hat damit einen Jahr für Jahr wachsenden Beitrag für die sichere Versorgung der Bevölkerung und der Wirtschaften West- und Mitteleuropas mit einem der gefragtesten, weil ökonomisch und ökologisch vorteilhaften, Energierohstoffe geleistet.“ [71]

Die Tatsache, dass Russland (damals noch UdSSR) schon in den Jahrzehnten des kalten Krieges ein sicherer Rohstoffexporteur war, wird oft übersehen. Fakten und Geschichte der russischen Erdgasindustrie, ihre Vorratsbasis und Vermarktungsstrategie wurden mangelhaft und oft falsch in der Welt dargestellt.

„Nicht unwesentlich bedingt ist dieser Zustand sicher dadurch, dass exakte Zahlen und Faktenzusammenstellung für den öffentlichen Gebrauch über lange Zeit Mangelware waren. Und beigetragen haben zur Kenntnis- und Verständnislücke sicher auch tendenziös gefärbte öffentliche Äußerungen über Entwicklungen in Russland, in denen die Gasindustrie der Russischen Föderation mit Hilfe gängiger Klischees über allgemeinen wirtschaftlichen Niedergang abqualifiziert wurde.“ [72]

---

[68] Müller, Oliver / Heilmann, Dirk: Indiens Energiehunger lockt Ölkonzerne an, Handelsblatt, 20./21./22. Januar 2006, Nr.15, S.16

[69] Die Presse, Mittwoch, 11.Januar 2006, S.5

[70] Maetzke, Heinrich: Moskaus Schlüsselrolle, Bayernkurier, Nr.3/21, Januar 2006, S.9

[71] Götz, Friedrich: Ohne Russland geht es nicht. Der europäische Energiemarkt und das russische Erdgas, Books on Demand GmbH, Norderstedt, 2006, S.7

[72] Götz, Friedrich: Ohne Russland geht es nicht. Der europäische Energiemarkt und das russische Erdgas, Books on Demand GmbH, Norderstedt, 2006, S.7

Der ehemalige Bundeswirtschaftsminister und Ehrenvorsitzende der FDP Otto Graf Lambsdorff hingegen warnt eindringlich vor einer zu starken Abhängigkeit von einzelnen Energiequellen, besonders vom Erdgas Russlands. In einem Artikel in der Frankfurter Allgemeinen Zeitung macht er deutlich, dass Deutschland kaum eigene Primärenergien besitzt und deshalb auf Lieferungen aus dem Ausland angewiesen ist. Er weist darauf hin, dass Russland sein Erdgas für politische Ziele einsetzt: Lukaschenkas Weißrussland zahlt nur 50 Dollar pro tausend Kubikmeter Erdgas (inzwischen seit Ende 2006 auf Druck von Gazprom das Doppelte), während die Ukraine des orangefarbenen Revolutionärs Juschtschenko 230 Dollar bezahlen muss. Graf Lambsdorff meint, der Preisunterschied spreche für sich.
Beim Lieferstop für die Ukraine musste Russland jedoch erfahren, dass durch eine solche Aktion „zahlreiche westeuropäische Länder betroffen waren, sich beklagten und wahrscheinlich Schadenersatz fordern werden.“ [73] Wenn man dagegen das Erdgas nur aus der Ostsee-Pipeline bezieht, dann wäre Deutschland bei Spannungen zwischen Deutschland und Russland allein dem Druck ausgesetzt, und die deutsche Erdgasversorgung könnte um 30 Prozent gedrosselt werden. Graf Lambsdorff fordert einen ‚ausgewogenen Energiemix’, das heißt, neben Erdöl und Erdgas und erneuerbaren Energien auch Steinkohle und Kernenergie.
Vielleicht sollte man sogar die alten Pläne der siebziger und achtziger Jahre überprüfen, in denen man darüber nachdachte, Erdgas aus Algerien oder Qatar zu beziehen, was damals an den hohen Kosten für die Verflüssigung des Erdgases und dessen Transport scheiterte.

Bundeskanzlerin Merkel sollte auf alle Fälle eine Stichleitung der Ostsee-Pipeline nach Polen erreichen, um das Risiko etwas zu streuen, und alle Baltischen Staaten sollten eine Gleichbehandlung erfahren. [74]

---

[73] Frankfurter Allgemeine Zeitung Nr. 5, Standpunkte: Otto Graf Lambsdorff: „Mit der Ostsee-Pipeline in die Falle“, 16.01.2006
[74] Vgl. Frankfurter Allgemeine Zeitung Nr. 5, Standpunkte: Otto Graf Lambsdorff: „Mit der Ostsee-Pipeline in die Falle“, 16.01.2006

6.3 Disziplinierung abtrünniger Teilrepubliken?

Der russischen Föderation, oder eher Putin persönlich, wird immer wieder vorgeworfen, dass er durch Drehen an der Preisschraube der Rohstoffe versucht Macht über andere Länder auszuüben. Das jüngste Beispiel dafür war der im letzten Kapitel schon erwähnte Gasstreit mit der Ukraine, der besonders nach den letzten Vertragsabschlüssen zwischen Schröder und Putin von der deutschen Presse aufgegriffen wurde. Die Frage, ob Putin Druck auf die Ukraine ausüben will und sich das Land gefügig machen will, oder ob Russland das ukrainische Streben nach Eigenständigkeit respektieren will und die selbstverständlichen Weltmarktpreise für seine Rohstoffe verlangen will, ist schwer zu durchschauen. Die Ukraine hatte von Russland Jahre lang Gas zu Sonderpreisen erhalten, aufgrund der speziellen Bruderschaftsverhältnisse zwischen beiden Ländern. Nun warf Russland der Ukraine vor, dass „...in der Vergangenheit eine Menge Gas illegal aus den Leitungen von Gazprom abgezapft wurde". [75] Steckt dahinter der Versuch einer Disziplinierung? Es ist ziemlich klar, dass die Ukraine die Preise, die in West-Europa gezahlt werden, sich nicht leisten kann. Schließlich ist auch anzunehmen, dass die Ukraine noch große Schulden hat, so wie noch vor einigen Jahren: „Ende 1999 lagen die Schulden bei 1,4 Milliarden US-Dollar, wobei die Ukraine einen Teil der Schulden in Form von Jagdflugzeugen und Bombern abbezahlt hatte".[76] Es ist eine verworrene Angelegenheit. Die Schemen, nach denen die Bezahlung funktioniert, sind am wenigsten durchschaubar.

„Neun Monate lang haben wir verhandelt und der Ukraine Kompromisslösungen angeboten. Aber Kiew hat unsere Vorschläge abgewiesen"[77] sagte Alexander Medwedjew, der Vizechef der Gazprom. „Die Regierung hat versucht, die Themen Gas-Transit und Gas-Versorgung miteinander zu vermischen - in völligem Widerspruch zu vielen Dokumenten, die sie in der Vergangenheit unterzeichnet hatte, etwa der Ener-

[75] Roth, Jürgen: Der Oligarch, Rowohlt Taschenbuch Verlag, Reinbeck bei Hamburg, 2002, S.292

[76] Roth, Jürgen: Der Oligarch, Rowohlt Taschenbuch Verlag, Reinbeck bei Hamburg , 2002, S.292

[77] Welt am Sonntag, Nr.4, 22. Januar 2006, S.9

gie-Charta, die in Europa gilt" [78], so lauteten weitere russische Vorwürfe.
Die Ukraine hatte im Vergleich mit allen anderen europäischen Ländern bisher immer nur ein Viertel oder ein Fünftel des Welthandelspreises für Gas bezahlt. Die zahlreichen Streitigkeiten wegen Gas, das angeblich von ukrainischer Seite geklaut worden sein soll, während es durch die Ukraine nach Europa floss, sind normalerweise immer wieder ad acta gelegt worden, so lange die Ukraine eine pro-russische Politik betrieb. Seitdem der neue ukrainische Präsident jedoch eine pro-europäische Politik verfolgt und sich mehrmals gegen die Mitgliedschaft der Ukraine in der Gemeinschaft der Unabhängigen Staaten (GUS) ausgesprochen hat, seitdem die Prioritäten in der ukrainischen Politik die Mitgliedschaften in der NATO und der EU sind, will Russland der Ukraine das Gas nur noch zu europäischen Preisen verkaufen. Was steckt wirklich hinter der Preiserhöhung? Ist es politischer Druck oder der wirkliche Wille Russlands in der Ukraine einen europäischen Geschäftspartner zu sehen?
Andererseits kann man die Argumente der Firma Gazprom nicht vom Tisch wischen: „Warum sollte Gazprom die ukrainische Wirtschaft subventionieren? Wir zahlen der Ukraine Weltpreise für Transit und die Hafennutzung. Niemand hat uns in diesem Bereich Preisabschläge angeboten"[79], erklärte die Führung von Gazprom. Es gab viele Versuche von russischer Seite, von Gazprom und auch vom russischen Präsidenten Wladimir Putin (schließlich ist die russische Regierung Mehrheitseigner bei Gazprom) einen Kompromiss zu finden, doch von ukrainischer Seite kam immer ein prinzipielles ‚Nein'!.

Energiegeschäft, Wirtschaft und Politik sind drei Dinge, die sehr verquickt sind. Deshalb war der Dialog zwischen Gazprom und Ukraine auch ein politischer Dialog, deshalb waren hier auch Putin und Juschtschenko involviert. Es war Putin, der überraschend der Ukraine eine großzügige Übergangszeit und ein Darlehen angeboten hatte. Die Ukraine lehnte auch diesen Vorschlag ab. „Das zeigt, dass sie nicht an einer Lösung interessiert war, weil man engstirnige Wahl-

---

[78] Welt am Sonntag, Nr.4, 22. Januar 2006, S.9
[79] Welt am Sonntag, Nr.4, 22. Januar 2006, S.9

interessen verfolgte“ [80], sagte der Vizechef von Gazprom Medwedjew.
„Aus Unzufriedenheit über das Gaspreis-Abkommen mit Russland hat das ukrainische Parlament überraschend für die Absetzung der ukrainischen Regierung gestimmt.“ [81] Das Parlament war darüber enttäuscht, dass Juschtschenko das russische Angebot ausschlug. An diesem Beispiel können wir deutlich sehen, dass der Kremlchef die Bereitschaft zeigte, mit der Ukraine nicht anders als mit einem souveränen europäischen Land umzugehen, dass nicht nur Gazprom, sondern selbst der russische Präsident der Ukraine seine Hand reichte. Die Ukraine aber, die Ende 2005 Gefahr lief, den darauffolgenden Winter ohne Gas verbringen zu müssen, schlug die ausgestreckte Hand aus. Juschtschenko konnte sich nicht dazu durchringen ein akzeptables Angebot anzunehmen.

6.4 Vertragspartner in West und Fernost

Der Autor Friedrich Götz äußert sich zur Lage der heutigen Verhältnisse auf dem Energiemarkt folgendermaßen: „Eine koordinierte Politik im Rahmen der Europäischen Union hinsichtlich Kreditgewährung an die russische Seite und Garantiegestellung für die Ausrüstungslieferanten einerseits und im Gegenzug der Abschluss vorteilhafter langfristiger Gaslieferverträge mit den Russen dürfte, wie die Erfahrungen der in der Vergangenheit im Gasgeschäft mit Russland am erfolgreichsten agierenden Länder und Unternehmen beweisen, der richtige Weg sein. Neue Formen der Zusammenarbeit sollten darüber hinaus vorurteilslos geprüft und verwirklicht werden.“ [82]
Die Äußerungen von russischen Politikern in den letzten Monaten zeigen, dass es Deutschland und der EU nicht mehr gut ansteht, über ihre Energieabhängigkeit von Russland zu klagen und russische Energiepolitik mit Argwohn zu betrachten. Eine nüchterne Bestandsaufnahme zeigt, dass Rohstoffe aus Russland bisher immer vertragsgetreu geliefert worden sind. Russisches Gas kann, laut Putin, mühelos auch in

[80] Welt am Sonntag, Nr. 4, 22. Januar 2006, S.9
[81] Die Presse, Mittwoch, 11.Januar 2006, S.5
[82] Götz, Friedrich: Ohne Russland geht es nicht. Der europäische Energiemarkt und das russische Erdgas, Books on Demand GmbH, Norderstedt, 2006, S.73

größeren Mengen in China und anderen Ländern Asiens verkauft werden, wobei auch Gelder für Transitländer, wie sie etwa an die Ukraine und Polen gezahlt werden, eingespart werden könnten.[83] Die Ereignisse der ersten Tage des Jahres 2007 lassen nun schon wieder Bedenken aufkommen hinsichtlich der Zuverlässigkeit.

„Die chinesische Führung hat Russlands Präsident Wladimir Putin zum Auftakt seiner zweitägigen Visite in Peking mit einem propagandistischen Werbefeldzug für eine Erneuerung der Beziehungen zwischen den Nachbarländern empfangen [...] Nach Jahren ergebnisloser und frustrierender Verhandlungen erwartet Pekings Führung bei den [...] Wirtschaftsgesprächen eine Entscheidung über eine Pipelineversorgung ihres Landes. Bisher bezieht Peking das dringend gebrauchte Erdöl von Russland über Tankwaggons mit der Eisenbahn."[84] Unter diesen Umständen kann man besser verstehen, warum die Aussagen der Bundeskanzlerin Angela Merkel zum Thema Pipeline zwischen Russland und Deutschland, am Grunde der Ostsee, nicht mehr so kritisch ausfallen, wie es noch unter der Kanzlerschaft von Gerhard Schröder der Fall war.
Doch während die deutschen Politiker und Medien sich immer noch Gedanken machen über die Töne aus der Ukraine und Polen zum Bau der Pipeline zwischen Russland und Deutschland und bei jeder möglichen Gelegenheit versuchen Russland, Putin, die russische Energiepolitik und Schröder in schlechtem Licht erscheinen zu lassen, warteten die Chinesen mit einer ganz anderen Taktik auf: „Zur Ankunft Putins war die Flughafenautobahn mit Fähnchen beflaggt, auf denen Fotos der Großen Mauer und des Kreml zu sehen waren. Plakate an den Ausfahrten warben für Chinas Russlandjahr 2006, das am Dienstag offiziell begann. Das Logo des Freundschaftsjahres zeigt einen russischen Bären und einen chinesischen Panda, die sich die Arme um die Schulter legen. >Hand in Hand voranmarschieren< heißt der in zwei Sprachen verfasste Slogan. Der russische Präsident ließ sich von der größten Delegation begleiten, die bisher aus Moskau

---

[83] vgl. http://www.uni-kassel.de/fb5/frieden/themen/Aussenpolitik/merkel-russland2.htm Stand 10.04.2006
[84] Erling, Johnny: Chinas Panda umarmt russischen Bären, Die Welt, Mittwoch, 22.März 2006, S.6

seit der Normalisierung der Beziehungen 1989 nach Peking aufbrach. [...] In einer ungewöhnlichen Geste übertrug das staatliche CCTV-Fernsehen am Dienstag den Empfang von Präsident Hu zu Ehren des russischen Gastes und die Eröffnung des Russlandjahres live. Peking wählte für den mehrstündigen Staatsakt die große Halle des Volkes aus.“[85]

6.5 Neudefinierung der Beziehungen

In der Putin-Schröder Ära hatte Russland die Freundschaft zwischen den beiden Staatsmännern gerne auf die beiden Länder übertragen und das zarte Pflänzchen der Freundschaft zwischen dem russischen und deutschen Volk gepflegt. Dieses Bild hat sich in den letzten Monaten, genau genommen seit dem ersten Besuch von Angela Merkel in Russland, geändert. Frau Merkel hat des Wort ‚Freundschaft‘ durch das Wort ‚Partnerschaft‘ ersetzt, und die russische Presse reagierte auf die neue Definition von Frau Merkel sehr sensibel. Eine noch größere Diskussion wurde in der russischen Gesellschaft durch die Tatsache entfacht, dass Frau Merkel sich mit Vertretern von Menschenrechtsgruppen in Moskau traf, was sie bei ihrem Besuch in den USA nicht tat. Schon seit den Anfängen des Kalten Krieges ist Russland sehr empfindlich, wenn es um die Fragen Demokratie und Menschenrechte geht. Die Situation in Russland ist dort immer wieder mit der Situation in den USA verglichen worden. In der Deutschen Presse wurde der heikle Punkt so beschrieben : „Ein wichtiges Signal war es, dass Merkel im Anschluss an ihr Treffen im Kreml auch jene Leute zum Gespräch lud, vor denen Putin seinen Freund Schröder immer gewarnt hatte: Vertreter von Menschenrechtsgruppen.“ [86] Die Tatsache dieser Begegnung empfand die russische Öffentlichkeit als eine Beleidigung. Von Fernsehkommentatoren konnte man wieder Aussagen hören wie: >Deutschland hält Russland im Vergleich zu den USA für ein undemokratisches Land, das Menschenrechte verletzt. Die USA brechen einen Krieg vom Zaun gegen den Irak, sind sie demokratischer als wir, verletzten sie keine Menschenrechte?<

[85] Erling, Johnny: Chinas Panda umarmt russischen Bären, Die Welt, Mittwoch, 22. März 2006, S.6

[86] Brössler, Daniel: Balance auf der Kremlmauer, Süddeutsche Zeitung, N1.13, München, Dienstag, 17. Januar 2006, S.4

Es ist eine Tatsache, dass Deutschland von Russland abhängiger ist als umgekehrt und „die Zahlen und Fakten bestätigen es: bereits heute, erst recht aber in den kommenden Jahren, kann der wachsende Hunger der europäischen Energiewirtschaft nach wirtschaftlich und ökologisch vorteilhaften Energieträgern nur unter massiver Inanspruchnahme der russischen Erdgasfelder gestillt werden."[87] Die Chinesen verstehen, dass nur eine pro-russische Politik die energetische Zukunft ihres Landes sichern kann. Für Deutschland wäre ein solches Procedere auch angebracht, „weil es zum Bezug von Erdgas aus Russland offensichtlich keine technisch machbare und wirtschaftlich vernünftige Alternative gibt." [88]
Es gehe um viel Macht, Prestige und sehr viel Geld, bestätigt auch David Hurd, Energie-Experte der Deutschen Bank in Peking. Und Marschall Goldman, Direktor des Zentrums für russische Studien an der Harvard University macht klar, wer in diesem Pokerspiel wirklich im Vorteil ist: „Putin hält alle Karten in der Hand".[89]

7 Gemeinsamkeiten und Konfliktpotenziale

Russland ist Mitglied in vielen internationalen Organisationen, wie den Vereinten Nationen, IWF und Weltbank; es hat einen Beobachterstatus bei der OECD und strebt weiterhin die Mitgliedschaft in der WTO an. Es gehört außerdem zu den G8-Staaten und der GUS und ist Mitglied der Eurasischen Wirtschaftsgemeinschaft, der Schwarzmeerkooperation und des Ostseerates. [90]
Was die bilateralen Beziehungen zwischen Deutschland und Russland angeht, lässt sich schon erahnen, dass es für eine Kooperation der beiden Länder auf verschiedenen Ebenen

[87] Götz, Friedrich: ohne Russland geht es nicht. Der europäische Energiemarkt und das russische Erdgas, Books on Demand GmbH, Norderstedt, 2006, S.146
[88] Götz, Friedrich: ohne Russland geht es nicht. Der europäische Energiemarkt und das russische Erdgas, Books on Demand GmbH, Norderstedt, 2006, S.147
[89] Hoffbauer Andreas / Brüggmann Mathias / Bonse Eric: Putin pokert mit Energievorräten, Handelsblatt, Mittwoch, 22. März 2006 / Nr.58, S.1
[90] Vgl. Auswärtiges Amt: Russische Föderation. Wirtschaft. Online im Internet. URL: http://www.auswaertiges-amt.de/www/de/laenderinfos/laender/laender_ausgabe_html?type_id=12&land_id=140. Stand: 06.12.2005

für beide Seiten gute Gründe gibt: Russland und Deutschland verbinden gemeinsame Interessen. Allerdings zeigt sich auch das starke Konfliktpotenzial, das besonders durch die unterschiedliche politische und gesellschaftliche Entwicklung nach dem Zweiten Weltkrieg entstanden ist.

Im Folgenden werde ich Gemeinsamkeiten und Konfliktpotenziale jeweils kurz vor ihrem Hintergrund erläutern und ihre Bedeutung bewerten.

Beginnen möchte ich mit Brennpunkten der Geschichte. Zunächst geht es um zwei herausragende geschichtliche Persönlichkeiten und um die mit dieser geschichtlichen Zeit verbundenen Russlanddeutschen. Ein weiterer Brennpunkt ist dann die spannungsgeladene Zeit nach dem zweiten Weltkrieg.

7.1 Geschichte

Deutschland und Russland verbindet eine tausendjährige Geschichte, in der sie sich mal als Freunde zur Seite und mal als erbitterte Feinde gegenüberstanden.
Besonders prägend für die Beziehungen waren die beiden aus Deutschland stammenden Zarinnen Katharina die Große und Alexandra.

7.1.1 Sophie Auguste Friederike von Anhalt-Zerbst

Eine der wichtigsten Herrscherinnen in der deutsch-russischen Geschichte war zweifellos Katharina die Große, die deutsche Prinzessin, die im 18. Jahrhundert als russische Zarin das Land regierte. Geboren wurde sie als Prinzessin Sophie Auguste Friederike von Anhalt-Zerbst am 2. Mai 1729 in Stettin. Zarin Katharina II. regierte das riesige russische Reich 34 Jahre lang. 1745 heiratete sie den russischen Thronfolger und späteren Zaren Peter III., den sie 1762 stürzen ließ, um sich nach seiner von ihr gebilligten Ermordung, selbst zur Zarin auszurufen.

Sie setzte die Politik Peters des Großen zum großen Teil fort, zum anderen Teil reformierte sie diese selbstständig, mit weiterentwickelten Plänen. Man kann sagen, dass Katharina II. die Europäisierung Russlands vervollkommnet hat. In einer Deutschen sahen die Russen ihre nationalen Interessen vertreten. Wenigen Frauen in der Weltgeschichte war es vergönnt, einen solchen Traum zu verwirklichen. Es gibt viele Gerüchte um ihr privates Leben, um ihre Favoriten, aber nur eines ist heute von Belang: Katharina war und bleibt eine der beliebtesten Zarinnen Russlands. Eine Deutsche, die bis zu ihrem Lebensende mit starkem deutschen Akzent und vielen grammatikalischen Fehlern sprach und doch als Russin angesehen und verehrt wurde.

Alexander Sergejewitsch Puschkin bezeichnete die Politik des Zaren Peter I., insbesondere den Bau von St. Petersburg, als Öffnung eines Fensters Russlands nach Europa hin, von Katharina II. sagt man, dass sie für Russland die Tore nach Europa aufstieß. Besonders während ihrer Zeit fand immer wieder reger kultureller und politischer Austausch zwischen Russland und Deutschland statt. Katharina die Große ließ Tausende von deutschen Bauern nach Russland umsiedeln. Auch Architekten, Künstler und Wissenschaftler aus Deutschland reisten nach Russland und ihre Familien sind bis heute dort ansässig. Die so genannten ‚Russlanddeutschen', auf die ich später noch zu sprechen komme, verbinden Deutschland und Russland gerade heute in besonderem Maße.

7.1.2 Alix von Hessen-Darmstadt

Ein weiteres wichtiges Kapitel in der deutsch-russischen Geschichte ist die Zeit zu Anfang des 20. Jahrhunderts, die heute von vielen Autoren die Zeit >als die Deutschen Russland regierten< [91] genannt wird. Es ist die Zeit des Untergangs der Romanows, die Zeit des 1. Weltkriegs und der Revolution in Russland.

---

[91] Vgl. Maylunas Andrej / Mironenko Sergei: Nikolaus und Alexandra, Bastei Lübbe, Taschenbuchverlag, 2001

Vigilius Eriksen (1762-1764)
Katharina die Große vor dem Spiegel
Winterpalast

Als Grund für die Revolution und für den Zerfall des russischen Reiches wurde von kommunistischen Ideologen und Historikern die russische Zarin und deutsche Prinzessin Alexandra angeführt.

Alix von Hessen-Darmstadt wurde am 6. Juni 1872 in Darmstadt geboren. Am 26.11.1894 heiratete sie den russischen Zaren Nikolaus II. Am 12.08.1904 brachte sie den Thronerben, Alexej, zur Welt, der an einer schweren Krankheit litt. Prinzessin Alexandra wurde sehr religiös. Ihre Suche nach einem Heilmittel für ihren Sohn führte sie schließlich zu dem sibirischen Mönch Rasputin. Er wurde in den Familienkreis aufgenommen, behandelte Alexej und gewann das Vertrauen der Zarin. Das Volk missbilligte dies. Man sagte ihr sogar ein Verhältnis mit Rasputin nach.

Als der 1. Weltkrieg ausbrach, hatten viele Russen nicht ohne Zutun der ‚Bolschewiki' und ersten Kommunisten den Verdacht, dass Alexandra zu den Deutschen halte. Das verstärkte ihre Abneigung gegen die Zarin noch weiter. Das russische Volk zeigte sich in dieser Zeit äußerst deutschfeindlich, die Angst vor den Deutschen entlud sich in Gewalt. Der Hass auf Alexandra nahm zu. Sie war in Deutschland geboren, ihr Bruder kämpfte für den deutschen Kaiser. Für viele galt sie als deutsche Spionin, die zusammen mit Rasputin den Untergang Russlands herbeiführen wollte. Nach der Revolution von 1917 wurde sie mit ihrer Familie ermordet. In der heutigen Geschichte des freien demokratischen Russlands ist diese Deutsche rehabilitiert und mit der ganzen Familie des letzten russischen Zaren von der Russisch Orthodoxen Kirche kanonisiert, also heilig gesprochen.

Seit der Zeit Katharinas II. bis zum Ende des zweiten Weltkrieges besiedelten deutsche Gruppen Gebiete des russischen Reiches. Ihre Situation soll im nächsten Abschnitt genauer beleuchtet werden.

7.1.3 Die Russlanddeutschen – eine Brücke oder eine Belastung der deutsch-russischen Beziehung?

7.1.3.1 Russlanddeutsche im Zarenreich

Ein Thema, das unsere beiden Länder sowohl in der Vergangenheit verband, als auch heute große Aktualität hat, sind die Russlanddeutschen - die Deutschen, die einst vom Zaren Peter dem Großen als Ingenieure und Ärzte und der deutsch-russischen Zarin Katharina der Großen als Unternehmer, Handwerker und Bauern nach Russland eingeladen wurden. „Sie durften in der Zaren-Metropole das erste öffentliche Theater gründen, sie waren als Schuster und Bäcker, als Lehrer und Doktoren gesucht, an der Moskwa floss schon früh deutsches Bier, und vor hundert Jahren eröffnete das Restaurant Alpenrose. Deutsche waren beteiligt an der Gründung der Moskauer Universität, sie planten die Wasserversorgung der Stadt und bauten am Heiligtum Kreml mit.“ [92]

Die ersten größeren Gruppen der Deutschen kamen etwa Mitte des 18. Jahrhunderts nach Russland. „1762 und 1763 lud Katharina II. Ausländer (inostranzy) ein, sich in Russland niederzulassen.“ [93] Unter den Aussiedlern aus ihrer alten Heimat wollte die deutsche Katharina in Russland an erster Stelle Handwerker und Unternehmer sehen. Fabriken und Betriebe, die bis dahin in Russland noch nicht vorhanden waren, sollten aufgebaut werden.[94] Die russische Zarin aus Anhalt-Zerbst war gütig zu den deutschen Einwanderern, sie erhielten „Freiheit von der Rekrutenpflicht und ... [die Zarin gestattete auch] ... konfessionelle Verschiedenheit.“[95] Die deutschen Kolonisten, die bis zur Mitte der 1850er sowohl nach Neurussland und Bessarabien, als auch an die Wolga

---

[92] Bissinger, Manfred: Moskau und die Deutschen, in: Merian 9/43, Hoffmann und Campe Verlag, S..3

[93] Brandes, Detlef, in: Barbasina, Elvira / Brandes, Detlef / Neutatz, Dietmar (Hg.) :Die Russlanddeutschen in Russland und Deutschland, Klartext Verlag, Essen, 1999, S.8

[94] Vgl.Brandes, Detlef, in: Barbasina, Elvira / Brandes, Detlef / Neutatz, Dietmar (Hg.) :Die Russlanddeutschen in Russland und Deutschland, Klartext Verlag, Essen, 1999, S.8

[95] Brandes, Detlef, in: Barbasina, Elvira / Brandes, Detlef / Neutatz, Dietmar (Hg.) :Die Russlanddeutschen in Russland und Deutschland, Klartext Verlag, Essen, 1999, S.10

kamen, waren überwiegend Bauern. Die sozialen Unruhen der zweiten Hälfte des 19. Jahrhunderts im Russischen Imperium auf Grund des Leibeigentums und der hohen Zahl der landlosen Bauern, hat dazu geführt, dass Grundeigentum anders verteilt wurde und die deutschen Bauern andere Wege suchen mussten um weiter existieren zu können. „Seit den dreißiger Jahren des 19. Jahrhunderts war die Zahl der Schmiede, Zimmerleute und Tischler in den deutschen Kolonien Neurusslands kontinuierlich angestiegen. Von diesen besaß aber etwa die Hälfte zugleich eine Wirtschaft.“ [96] In der zweiten Hälfte des 19. Jahrhunderts konnte man von den Deutschen nicht nur als Bauern oder Industriellen sprechen, die besten Ärzte kamen aus Deutschland. Außerdem waren in jedem russischen Adelshaus Deutsche als Lehrer und Erzieher der jungen Adeligen tätig. Die Mehrheit der Deutschen jedoch fand ihre Arbeit in der Industrie. „Im Jahre 1911 produzierten die Fabriken der Mennoniten des Schwarzmeergebietes ein Achtel und die übrigen deutschen Fabriken ein weiteres Achtel aller Landmaschinen des russischen Reiches. Das zweitwichtigste Gewerbe der Schwarzmeerdeutschen war die Mühlenindustrie.“ [97]

„Im 20. Jahrhundert war die gemeinsame Geschichte besonders wechselvoll: Im Ersten Weltkrieg wurden die njemzy vom Zaren zu ‚Erzfeinden’ erklärt, einige Jahre später war Moskau der Exilort vieler Intellektueller auf der Flucht vor den Nazis. Die Emigranten wiederum wurden Opfer von Stalins brutalen Säuberungsaktionen.“ [98]

7.1.3.2 Russlanddeutsche im heutigen Deutschland

Seit langem ist Deutschland ein Einwanderungsland. Doch die Russlanddeutschen durften bis zu Anfang der 1960er Jahre ihre Sondersiedlungen in der Sowjetunion nicht verlassen. Erst Mitte der 1980er Jahre wurde es möglich nach

---

[96] Brandes, Detlef, in: Barbasina, Elvira / Brandes, Detlef / Neutatz, Dietmar (Hg.) :Die Russlanddeutschen in Russland und Deutschland, Klartext Verlag, Essen, 1999, S.11

[97] Brandes, Detlef, in: Barbasina, Elvira / Brandes, Detlef / Neutatz, Dietmar (Hg.) :Die Russlanddeutschen in Russland und Deutschland, Klartext Verlag, Essen, 1999, S.11

[98] Bissinger, Manfred: Moskau und die Deutschen, in: Merian 9/43, Hoffmann und Campe Verlag, S..3

Deutschland zu emigrieren. „Mit dem politischen Umbruch in Osteuropa und der Auflösung der Sowjetunion stieg die Aussiedlerimmigration nach Deutschland unerwartet stark an und war von tiefen Veränderungen der soziodemographischen Struktur dieser Zuwanderungsgruppe begleitet."[99] Wie aus den Statistiken für das gesamte Gebiet der ehemaligen Sowjetunion zu ersehen ist, waren es in den 90er Jahren rund 1,63 Millionen Russlanddeutsche, die aus dem gesamten Gebiet der Sowjetunion aussiedelten.[100] Im Jahre 2000 befanden sich in Deutschland unter den insgesamt 7,3 Millionen Ausländern etwa 2 Millionen russland-deutsche Aussiedler. [101] Seit Anfang der 90er Jahre nahmen die sozialen und wirtschaftliche Probleme in Deutschland zu, gleichzeitig stieg auch die Zahl der Aussiedler aus der ehemaligen Sowjetunion. Unter diesen Umständen sank die Bereitschaft der deutschen Bevölkerung zur Aufnahme und Akzeptanz der Aussiedler.
Erst seit Mitte der neunziger Jahre war ein deutlicher Rückgang der Aussiedlerzuwanderung zu erkennen. Grund dafür ist die neue Regelung seit Sommer 1996, nach der Ausreisewillige schon in ihrem Heimatland nachweisen müssen, dass sie die deutsche Sprache hinreichend beherrschen. [102]

Die Integration der Russlanddeutschen ist dringend erforderlich, um einer Ghettobildung vorzubeugen. Dazu müssen die Einwanderer und die Einheimischen in gleichem Maße bereit sein. Die größten Störfaktoren bei diesen Bemühungen sind Vorurteile und Missverständnisse. Einen Störfaktor sieht Olga Kourilo „in der Verbreitung stereotyper Bilder von Russlanddeutschen in der deutschen Gesellschaft und in den

---

[99] Dietz, Barbara, in: Barbasina, Elvira / Brandes, Detlef / Neutatz,Dietmar (Hg.): Die Russlanddeutschen in Russland und Deutschland, Klartext Verlag, Essen, 1999, S.176

[100] Vgl. Kourilo, Olga: Russlanddeutsche als Vermittler im interkulturellen Dialog, in: Ipsen-Peitzmeier, Sabine / Keiser, Markus (Hg.):Zuhause fremd, Russlanddeutsche zwischen Russland und Deutschland, transcript Verlag, Bielefeld, 2006, S.402

[101] Vgl. Savoskul, Maria: Russlanddeutsche in Deutschland: Integration und Typpen der ethnischen Selbstidentifizierung, in: Ipsen-Peitzmeier, Sabine / Keiser, Markus (Hg.):Zuhause fremd, Russlanddeutsche zwischen Russland und Deutschland, transcript Verlag, Bielefeld, 2006, Abbildung 1, S.197

[102] Vgl. Dietz, Barbara, in: Barbasina, Elvira / Brandes, Detlef / Neutatz,Dietmar (Hg.): Die Russlanddeutschen in Russland und Deutschland, Klartext Verlag, Essen, 1999, S.177

Medien." Sie sagt: „Für die Entwicklung des interkulturellen Dialoges ist es wichtig, die gesellschaftlichen Mythen zu erkennen und zu dekonstruieren."[103]

Viele Deutsche glauben, dass Aussiedler aus Russland, weil sie russisch sprechen, auch Russen seien. Für viele dieser Russlanddeutschen, die z.B. in der Stalinzeit ihre Häuser verlassen mussten und in die entferntesten Gebiete der Sowjetunion deportiert wurden, war eine Angleichung an ihre damalige neue Umgebung unumgänglich. Manche verlernten im Laufe der Zeit auch ihre Muttersprache und finden sich jetzt in Deutschland wieder nicht leicht zurecht.

„Die meisten Aussiedler aus Nachfolgestaaten der UDSSR stammen aus Kasachstan, erst an zweiter Stelle folgen Zuwanderer aus der russischen Föderation, die vornehmlich aus Westsibirien kommen. Diese Struktur der Herkunftsgebiete der Aussiedler spiegelt bis heute Deportationsgeschichte der deutschen Minderheiten in der vormaligen Sowjetunion wieder." [104]

Unter Russlanddeutschen gibt es viele mobile Gruppen, die zwischen zwei Kulturwelten pendeln. Sie unterscheiden sich von anderen durch ihre deutsch-russische Mischkultur.[105] Sie verkörpern, wie Olga Kourilo es ausdrückt, eine ‚kulturelle Hybridität'[106], die sie aber auch prädestiniert für Vermittlerfunktionen zwischen den Nationen.
Diese Eigenschaft wird gerade jetzt und in naher Zukunft eine bedeutende Rolle auf dem wirtschaftlichen und politischen Sektor spielen, zudem geht es auch darum, kulturelle Brücken zu bauen. Von daher ist es auch erstrebenswert,

[103] Kourilo, Olga : Russlanddeutsche als Vermittler im interkulturellen Dialog, in Ipsen-Peitzmeier, Sabine; Keiser ,Markus (Hg.) :Zuhause fremd, Russlanddeutsche zwischen Russland und Deutschland, transcript Verlag, Bielefeld, 2006, S.381
[104] Dietz, Barbara, in: Brandes, Detlef, in: Barbasina, Elvira ; Brandes, Detlef; Neutatz, Dietmar (Hg.): Die Russlanddeutschen in Russland und Deutschland , Klartext Verlag, Essen, 1999, S.178
[105] Vgl. Kourilo, Olga: Russlanddeutsche als Vermittler im interkulturellen Dialog, in Ipsen-Peitzmeier, Sabine; Keiser, Markus (Hg.) :Zuhause fremd, Russlanddeutsche zwischen Russland und Deutschland, transcript Verlag, Bielefeld, 2006, S.402
[106] Vgl. Kourilo, Olga: Russlanddeutsche als Vermittler im interkulturellen Dialog, in Ipsen-Peitzmeier, Sabine; Keiser, Markus (Hg.) :Zuhause fremd, Russlanddeutsche zwischen Russland und Deutschland, transcript Verlag, Bielefeld, 2006, S.402

dass Einwanderer ihre kulturelle Identität nicht aufgeben und die russische Sprache in der Familie weiterhin pflegen.

Wenn man von ‚Russlanddeutschen' spricht, kann man nach kulturellen Kriterien genauer differenzieren. Olga Kourilo teilt in drei Gruppen ein:
‚Deutsche in Russland', ‚Russische Deutsche' und ‚deutsche Russen'. [107] Die Autorin versteht unter ‚Deutsche in Russland' „Ausländer, die nur kurze Zeit oder in kultureller Isolation in Russland lebten und mental wie kulturell Deutsche geblieben sind. Der Einfluss der russischen Kultur auf sie war im Vergleich zu den anderen beiden Gruppen am geringsten." [108]
Zu den ‚russischen Deutschen' gehören die Deutschen, „die von der Kultur Russlands stark beeinflusst wurden und sich unter diesem Einfluss kulturell und mental von ihrem deutsch geprägten Milieu entfernten."[109] Diese Gruppe hat keine derart massiven Probleme bei der Integration in die deutschen Gesellschaft, wie die nachstehend behandelte dritte Gruppe, „doch das lange Leben an verstreuten Orten ohne kompakte Siedlungen führte nicht nur zum Verlust der deutschen Sprache und Traditionen, sondern veränderte Verhaltens- und Denkweisen – etwa im Hinblick auf ästhetische Maßstäbe, die teilweise von den Russen übernommen wurden." [110].
Die dritte Gruppe sind die ‚Deutschen Russen'. Das ist eine kulturell spezifische Gruppe, die sich stark von allen anderen Aussiedlern deutscher Abstammung unterscheidet, „die sich eher als Russen fühlen, jedoch zum Deutschtum mehr als

---

[107] Vgl. Kourilo, Olga: Russlanddeutsche als Vermittler im interkulturellen Dialog, in Ipsen-Peitzmeier, Sabine; Keiser ,Markus (Hg.) :Zuhause fremd, Russlanddeutsche zwischen Russland und Deutschland, transcript Verlag, Bielefeld, 2006, Abbildung 1, S.389

[108] Kourilo , Olga : Russlanddeutsche als Vermittler im interkulturellen Dialog, in Ipsen-Peitzmeier, Sabine; Keiser ,Markus (Hg.) :Zuhause fremd, Russlanddeutsche zwischen Russland und Deutschland , transcript Verlag , Bielefeld 2006, S.390

[109] Kourilo , Olga : Russlanddeutsche als Vermittler im interkulturellen Dialog, in Ipsen-Peitzmeier, Sabine; Keiser ,Markus (Hg.) :Zuhause fremd, Russlanddeutsche zwischen Russland und Deutschland , transcript Verlag , Bielefeld 2006, S.390

[110] Kourilo , Olga : Russlanddeutsche als Vermittler im interkulturellen Dialog, in Ipsen-Peitzmeier, Sabine; Keiser ,Markus (Hg.) :Zuhause fremd, Russlanddeutsche zwischen Russland und Deutschland , transcript Verlag , Bielefeld 2006, S.390

nur ein formales Verhältnis haben." [111] Diese Gruppe hat die größten Schwierigkeiten bei der Integration in die deutsche Gesellschaft. Diese Aussiedler haben in Deutschland oft keinen Boden unter den Füßen, sie fühlen sich überflüssig und nicht recht angenommen, etwa wie ein Verwandter, auf dessen Abreise gewartet wird.
Zu dieser Gruppe gehören auch noch die so genannten ,assimilierten Deutschen', die sich von den ethnisch reinrassigen Russen nicht besonders unterscheiden - sie praktizieren den orthodoxen Glauben und sprechen Russisch.[112] Die Russlanddeutschen dieser Kategorie versuchen in Deutschland in Gebieten und Stadtteilen zu wohnen, in denen es viele andere Russen gibt. Wenn es um die Erziehung ihrer Kinder geht und um ihre Weltanschauung, so spürt man, dass diese Menschen eher Russen sind als Deutsche. Gar manche Normen der deutschen Gesellschaft werden von dieser ethnischen Minderheit nicht akzeptiert und die ablehnende Haltung wird auch an die Kinder weitergegeben. Es handelt sich um ein bewusstes Ghettoleben.[113] In manchen deutschen Großstädten sind ganze Stadtteile davon betroffen, in Köln zum Bespiel ist es der Stadtteil Chorweiler. Dort wohnen in vielen Häusern zur Hälfte, oder mehr, deutsche Russen. Die russische Sprache ist überall zu hören. Die Gewohnheiten der Menschen, ihre Erziehung, ihre Haltung machen es schwer in ihnen Deutsche zu erkennen. Solche Ghettos fördern eher ein negatives, klischeehaftes Bild von Russlanddeutschen.

Der ehemalige Beauftragte der Bundesregierung für Aussiedlerfragen und nationale Minderheiten in Deutschland Jochen Welt sprach im Mai 2003 im Rahmen des achten Medienforums beim Südwestrundfunk in Stuttgart über die fal-

---

[111] Kourilo , Olga : Russlanddeutsche als Vermittler im interkulturellen Dialog, in Ipsen-Peitzmeier, Sabine; Keiser ,Markus (Hg.) :Zuhause fremd, Russlanddeutsche zwischen Russland und Deutschland , transcript Verlag , Bielefeld 2006, S.392

[112] Vgl. Kourilo , Olga : Russlanddeutsche als Vermittler im interkulturellen Dialog, in Ipsen-Peitzmeier, Sabine; Keiser ,Markus (Hg.) :Zuhause fremd, Russlanddeutsche zwischen Russland und Deutschland , transcript Verlag , Bielefeld 2006, S.392

[113] Vgl. Kourilo , Olga : Russlanddeutsche als Vermittler im interkulturellen Dialog, in Ipsen-Peitzmeier, Sabine; Keiser ,Markus (Hg.) :Zuhause fremd, Russlanddeutsche zwischen Russland und Deutschland , transcript Verlag , Bielefeld 2006, S.392

sche Berichterstattung in Bezug auf die Spätaussiedler. „Er wies darauf hin, dass insbesondere Themenfelder wie die Abkapselung / Ghettoisierung der Aussiedler, Dominanz der russischen Sprache und damit die Frage nach Legitimität der Ausreise, überdurchschnittliche Gewaltbereitschaft / Kriminalität und übermäßiger Drogen- / Alkoholkonsum verzerrt bzw. tendenziös dargestellt und vor allem in regionalem und lokalen Bereich simplifizierend behandelt wurden.“ [114] Natürlich fällt es sehr vielen Aussiedlern infolge mangelnder Sprachkompetenz schwer einen Ausbildungsplatz oder eine Arbeitsstelle zu finden. Arbeitslos sitzen sie dann zu Hause und auf der Straße herum. Wegen der Perspektivlosigkeit kann es leicht zu Gewalttätigkeiten und Übergriffen kommen. Doch die statistischen Erhebungen zeigen, dass die Kriminalitätsrate bei Aussiedlern nicht höher ist als bei deutschen Arbeits- und Perspektivelosen.

Wenn dann arbeitslose Aussiedler Sozialhilfe beziehen, sind viele einheimische Deutsche schnell bei der Hand und werfen den Aussiedlern vor, das deutsche soziale Netz auszunutzen und sich ihre Untätigkeit bezahlen zu lassen. Abgesehen von den üblichen Ausnahmefällen liegen auch hier, statistisch gesehen, keine eklatanten Abweichungen von den allgemein-deutschen Verhältnissen vor.

Erst in den letzten Wochen ist abermals deutlich geworden, dass Deutschland schon längst ein typisches Einwanderungsland geworden ist. Die Geburtenrate unter den ursprünglichen Einheimischen sinkt zusehends, die eingewanderten Familien haben durchschnittlich mehr Kinder pro Familie. Die gesellschaftlichen und demographischen Probleme kann man nicht unbeachtet lassen. Die von Radikalen vorgebrachte Forderung ‚Ausländer raus‘ ist keine realistische Option. Integration ist die einzige Möglichkeit. Es stehen große Aufgaben bevor, die gelöst werden müssen.

---

[114] Zinn -Thomas, Sabine: Kriminelle, junge Spätaussiedler – Opfer oder Täter, in: Ipsen-Peitzmeier, Sabine / Keiser, Markus (Hg.): Zuhause fremd, Russlanddeutsche zwischen Russland und Deutschland, transcript Verlag, Bielefeld, Abbildung 1, 2006, S. 309

7.1.3.3 Russlanddeutsche im Spagat zwischen zwei Ländern

Ohne Zweifel sind Russlanddeutsche schon von der Gesamtkonstellation her Vermittler zwischen Russland und Deutschland. Sie sprechen die russische und die deutsche Sprache, sie haben Beziehungen zur russischen Bevölkerung, sie kommen aus der russischen Kultur und haben, oder kennen, russische Mentalität.
In der schwierigen wirtschaftlichen Lage, in der sie sich in Deutschland oft noch befinden, und der bisher relativ kurzen Aufenthaltszeit konnten sie das Potential ihres intellektuellen und kulturellen Kapitals, das sie aus Russland mitbrachten, oft noch nicht effektiv einsetzen. Die letzten Entwicklungen zeigen jedoch erste vielversprechende Ansätze dazu. „Inzwischen konnten sich russland-deutsche Künstler und Musiker auch auf internationaler Ebene etablieren und spielen so eine wichtige Rolle im internationalen Kulturaustausch.“ [115]

Seit einigen Jahren existieren in Deutschland mehrere Zeitungen und Zeitschriften auf Russisch, wie z.B. „Partner“ [116] (seit 1997), eine der beliebtesten monatlichen russisch-deutschen Informationszeitschriften oder „Rejnskoje Vremja“ („Rheinische Zeit“)[117], eine monatliche, regionale Informationszeitschrift in russischer Sprache. In solchen Zeitschriften und Zeitungen kann man nicht nur Reportagen aus Russland und Deutschland finden, oder Informationen über die ersten aktiven Schritte von Russlanddeutschen in der deutschen Politik erhalten, sondern auch Hinweise auf russischsprachige Ärzte, Anwälte und andere wichtige Informationen. Auch russischsprachige Fernsehkanäle, die ihre Sendungen in Deutschland produzieren und für die russischsprachige Bevölkerung in Deutschland gedacht sind, wie z.B. der Fernsehkanal RTVD, wurden eingerichtet.

Es gibt mehrere Beispiele für literarische und kulturelle Verbände, oder kleinere Integrations-Gruppen zwischen Russlanddeutschen und Einheimischen, die sich regelmäßig tref-

---

[115] Kourilo, Olga: Russlanddeutsche als Vermittler im interkulturellen Dialog, in: Ipsen-Peitzmeier, Sabine / Keiser, Markus (Hg.): Zuhause fremd, Russlanddeutsche zwischen Russland und Deutschland, transcript Verlag, Bielefeld, 2006, S. 398
[116] www.partner-inform.de
[117] www.russzeit.de

fen, um mehr von einander zu erfahren, zu lernen und die multikulturelle Gesellschaft zu bereichern. Ein interessantes Beispiel aus meiner eigenen Erfahrung ist die ‚Literarische Stube': Die Dichterin Natalia Gerhard, die Gedichte und Erzählungen sowohl auf Russisch als auch auf Deutsch schreibt, organisiert seit einigen Jahren in ihrer kleinen, aber gemütlichen Wohnung literarische Treffen, zu denen alle Interessierten eingeladen sind, einheimische Deutsche, wie auch Russlanddeutsche und alle, die sich für russische und deutsche Literatur und Kultur interessieren.

Weitere Beispiele für die Integration von Russlanddeutschen in die deutsche Gesellschaft, in das deutsche Kulturleben sind etwa folgende: Willi Bunkowski, ein Deutscher aus Russland, leitet seit über 23 Jahren eine Kunstschule in München.[118] - Schöne Bilder aus Russland kann man in den Werken von Heinrich Heidebrecht, einem talentierten Grafiker und Architekten aus Nowosibirsk, bewundern.

Russlanddeutsche sind heute ein Teil der deutschen Gesellschaft. Oft werden sie noch als Ausländer empfunden, wofür es auch mancherlei Gründe gibt, doch im Unterschied zu Gruppierungen anderer Nationalität in Deutschland, sind dies Menschen deutscher Abstammung, die in Deutschland weder Zuflucht vor politischer Verfolgung suchen, noch aus wirtschaftlichen Gründen hierher kamen, sondern es sind Menschen, die tatsächlich zurückgekehrt sind in ihre Heimat und versuchen in dieser Heimat ihr zu Hause zu finden.

7.1.4 Gemeinsame Vergangenheit nach 1945

Der Zweite Weltkrieg ist eine unangenehme Seite in der Geschichte zwischen Deutschland und der damaligen UdSSR. Nach dem Zweiten Weltkrieg wurde Deutschland von den Siegermächten USA, Großbritannien, Frankreich und UdSSR in vier Besatzungszonen aufgeteilt. Die Besatzungsmächte gingen in ihren Zonen zunächst eigene Wege, die westlichen Mächte arbeiteten jedoch mehr und mehr zusammen. Im Jahre 1947 fanden Versuche einer Einigung über die Zukunft

---

[118] Vgl. Paulsen, Nina: Sehen, verstehen und darstellen, in: Volk auf dem Weg, Nr.3, März 2006, S. 24

Deutschlands statt, diese Versuche scheiterten. Die Westmächte waren bestrebt einen eigenen westdeutschen Staat zu gründen. Am 20. Juni 1948 kam in den Westzonen mit der Einführung der D-Mark die Währungsreform. Diese Reform bildete die Grundlage für die Marktwirtschaft und das berühmte Wirtschaftswunder. In der sowjetischen Besatzungszone wurde im Gegenzug am 23. Juni eine eigene Währung eingeführt.

Am 1. Juli 1948 übergaben die Westmächte die Frankfurter Dokumente an die elf Ministerpräsidenten der Trizone [119], eine Aufforderung zur Bildung einer verfassungsgebenden Versammlung. Am 1. September trat der Parlamentarische Rat in Bonn zusammen und erstellte bis zum 8. Mai 1949 das Grundgesetz. Nachdem dieses von allen Ländern, außer Bayern, beschlossen und von den Westmächten genehmigt war, wurde es am 23. Mai 1949 verkündet. Die Bundesrepublik Deutschland war somit entstanden.

Ende Mai / Anfang Juni 1949 fand in der sowjetischen Besatzungszone der dritte Deutsche Volkskongress statt. Die Mitglieder wählten den 2. Deutschen Volksrat als ständiges Organ. Der Volkskongress nahm die von ihm erarbeitete Verfassung für eine „Deutsche Demokratische Republik" einstimmig an. Am 7. Oktober 1949 wurde die DDR gegründet. Von diesem Moment an verliefen die Entwicklungen in den beiden Teilen des geteilten Deutschlands völlig unterschiedlich, 1961 kam es sogar zum Bau der Berliner Mauer.

Die demokratische Bundesrepublik Deutschland integrierte sich vollständig in den Westen. 1952 ist Deutschland Mitbegründerin der Montanunion, aus der sich später die Europäische Union entwickelte. 1955 tritt Deutschland der NATO bei.

Die DDR ging mit der UdSSR und den übrigen Ländern des Warschauer Paktes einen anderen Weg. Die DDR wurde

[119] die Bezeichnung für den Teil Deutschlands, der nach dem Zweiten Weltkrieg von den drei westlichen Siegermächten USA, Großbritannien und Frankreich besetzt wurde

durch die Sozialistische Einheitspartei Deutschlands (SED) und die Sowjetunion kontrolliert.
Es entstand ein umfangreicher Überwachungs- und Spitzelapparat, die Medien unterlagen der Zensur. Das Rechtswesen der DDR entsprach nicht dem Standard eines Rechtsstaats. Die Außenpolitik der DDR war abhängig von der Sowjetunion. Im Jahre 1973 wurde die DDR Mitglied der Vereinten Nationen. In dieser Zeit entwickelten sich die Beziehungen zwischen den DDR-Deutschen und der sowjetischen Bevölkerung gut und eng wie nie zuvor. Sowjetische Studenten konnten in der DDR studieren und umgekehrt. Wenn auch die politischen Beziehungen zur UdSSR eher als unzureichend zu bezeichnen waren, so waren doch die kulturellen und menschlichen Kontakte sehr erfolgreich.

Zu einer Annäherung der beiden deutschen Staaten kam es erstmals wieder unter Bundeskanzler Willy Brand. Unter Bundeskanzler Helmut Schmidt und seinem Nachfolger Helmut Kohl wurde die Entspannungspolitik fortgesetzt. Im September 1987 besuchte mit Erich Honecker erstmals ein DDR-Staats- und Parteichef die BRD.

Mit Michail Gorbatschow kam im März 1985 ein relativ junger Mann an die Spitze der Sowjetunion, der mit seinen Ideen von Glasnost[120] und Perestroika[121] den Ostblock total verändern sollte. Dieser Kurs wurde von der starren Staats- und Parteiführung in der DDR nicht mitgetragen. Nach einer friedlichen Revolution in der DDR und der Zustimmung der Siegermächte und beider deutscher Parlamente wurde Deutschland am 03.10.1990 wiedervereinigt. Es kommt zum Zusammenbruch der Sowjetunion.

Die geschichtliche Verbundenheit spielt sicher eine Rolle in den deutsch-russischen Beziehungen von heute. Weit wichtiger scheinen mir aber die beidseitigen wirtschaftlichen Interessen, die ich im nächsten Abschnitt erläutere.

---

[120] russisch für (politische) „Offenheit“
[121] russisch für „Umbildung“, „Neugestaltung“

7.2 Wirtschaftliche Interessen

Deutschland und Russland verbinden vielfältige wirtschaftliche Interessen. Denn seit Putin regiert, geht es mit Russland sprunghaft aufwärts. Die russische Wirtschaft wächst, wie der ehemalige deutsche Kanzler Gerhard Schröder feststellte, in einem atemberaubenden Tempo. Der Kreml-Chef rühmt die Bundesrepublik derweil als wichtigsten Handelspartner Russlands. [122]

Vor allem für die deutsche Energieversorgung sind die guten Verbindungen zwischen Deutschland und Russland sehr wichtig, denn immerhin ein Drittel des in der Bundesrepublik verbrauchten Erdgases und Erdöls kommt aus Russland – und die Abhängigkeit könnte noch wachsen. Wenn erst einmal weitere Atommeiler in Deutschland abgeschaltet werden, müssen sie wohl durch Gaskraftwerke ersetzt werden. Die Russen, so sagte schon ein damaliger Schröder-Berater, seien bereit, „uns privilegiert zu behandeln." [123]

Die privilegierte Behandlung hat natürlich bei Polen und der Ukraine Unmut hervorgerufen. Die jetzt in der festen Planung befindliche Gaspipeline umgeht ja Polen und die Ukraine, indem sie von Russland aus auf dem Grund der Ostsee direkt nach Deutschland führen wird. Präsident Putin und Altbundeskanzler Schröder haben das Projekt in seltener Einmütigkeit vorangetrieben. Solch große Entscheidungen zum Vorteil zweier Länder kommen hauptsächlich dann zustande, wenn auch ‚die Chemie' zwischen den Staatenlenkern stimmt. Und dies war zwischen Putin und Schröder bestimmt der Fall. Das Milliarden-Euro Projekt der Gaspipeline durch die Ostsee wird die Gasversorgung Deutschlands für die nächste Jahrzehnte zu einem niedrigeren Preis als bisher sichern. Der Abhängigkeitsfaktor wird erniedrigt, denn Deutschland braucht sich keine Sorgen um mögliche Eingriffe durch die Transitländer Ukraine und Polen machen.

Im Jahr 2003 wurden Waren im Wert von 13,3 Mrd. Euro von Russland nach Deutschland exportiert. Dabei handelte es sich hauptsächlich um Rohstoffe wie Erdöl und Erdgas. Außerdem wurden Waren in Höhe von 12,1 Mrd. Euro aus Deutschland importiert. Hierbei handelte es sich vor allem

[122] Vgl. Der Spiegel: Russisches Roulette. Spiegel 49/2004, S. 22 ff

[123] Vgl. Der Spiegel: Russisches Roulette. Spiegel 49/2004, S. 22 ff.

um Maschinen, Ausrüstungen und Gebrauchsgüter.[124] Aus russischer Sicht war die russisch-deutsche Handelsbilanz immer positiv, das Profizit [125] lag 2003 bei 1,2 Mrd. Euro.[126] „Im Jahre 2004 erreichte der beiderseitige Handel einen Umfang von rund 31,2 Milliarden Euro und lag damit gut 18 Prozent über dem Vorjahrsniveau. Für das erste Halbjahr 2005 wurde ein neuer Rekord gemeldet: 18,1 Milliarden!" [127]

Deutschland ist auch der größte Investor in Russland; es liegt mit 10,2 Mrd. US-Dollar und damit 17,9 % aller Auslandsinvestitionen an erster Stelle. Der größte Teil dieser Investitionen besteht aus Wertpapieranlagen, Finanzderivaten und Kreditgewährungen. Es gibt in Russland 2250 Firmen mit deutscher Beteiligung, davon sind 1350 russisch-deutsche Joint-Ventures und ca. 800 Firmen arbeiten nur mit deutschem Kapital. Über tausend deutsche Firmen sind mit ihren Vertretungen in Russland präsent. [128] Die Voraussetzungen für solche geschäftlichen Beziehungen wurden häufig bei offiziellen Begegnungen zwischen Präsident Putin und dem ehemaligen Bundeskanzler Schröder geschaffen. Auch die jetzige Bundeskanzlerin Angela Merkel tritt in dieser Beziehung in die gleichen Fußstapfen. Die Politiker werden zu diesem Zweck von bedeutenden Vertretern der Wirtschaft bei ihren Besuchen begleitet.

Präsident Putin verfährt bei solchen Treffen ganz diplomatisch und erfolgsorientiert. Er kann sich auch notwendigen Sachzwängen zuliebe etwas angleichen: „Beim Treffen mit dem US-Präsidenten Bush erscheint Putin noch eine Spur gläubiger als sonst; wenn er mit dem Bundeskanzler Schrö-

---

[124] Vgl. Auswärtiges Amt: Deutsch-russische Wirtschaftsbeziehungen. Online im Internet.
URL: http://www.auswaertiges-amt.de/www/de/laenderinfos/laender/laender_ausgabe_html?type_id=12&land_id=140, 06.12.2005

[125] Überschuss im Staatshaushalt

[126] Vgl. Russische Botschaft: Wirtschaftsbeziehungen Russland-Deutschland. Online im Internet. URL: http://www.russische-botschaft.de/Information/Wirtschaftsbeziehungen.htm, 06.12.2005

[127] Vgl. http://www.uni-kassel.de/fb5/frieden/themen/Aussenpolitik/merkel-russland2.html Stand 10.04.2006

[128] Vgl. Russische Botschaft: Wirtschaftsbeziehungen Russland-Deutschland. Online im Internet. URL: http://www.russische-botschaft.de/Information/Wirtschaftsbeziehungen.htm, Stand 06.12.2005

der zusammenkommt, noch etwas Deutschland-freundlicher; und bei Unternehmern ist Putin Marktwirtschaftler mit der ganzen Seele.“ [129]

Die von vielen Analytikern befürchtete Verschlechterung der bilateralen Beziehungen im wirtschaftlichen Bereich nach dem Ende der Schröder-Ära hat also nicht stattgefunden. Die neuesten Ereignisse zeigen, dass die Zusammenarbeit zwischen Russland und Deutschland weitergeht, ja sogar intensiver und nachhaltiger voranschreitet als je zuvor. „Am Rande der deutsch-russischen Regierungskonsultationen im westsibirischen Tomsk hat der Chemiekonzern BASF die Zusammenarbeit mit dem russischen Gasprom-Konzern verstärkt.“ [130]

Aber nicht nur Russland findet etwa durch BASF Zugang zu neuen Kunden und Märkten in Deutschland, auch in umgekehrter Richtung ergeben sich vorteilhafte Verbindungen: „Der BASF-Konzern hat über seine Tochtergesellschaft Wintershall den Tausch von Unternehmensteilen vereinbart. Die BASF bekommt einen Anteil an dem großen Erdgasfeld Jushno-Russkoye in Westsibirien.“ [131]

„Seit Jahren verfährt die BASF in ihren Geschäftsbeziehungen mit Gasprom nach dem Motto >geben und nehmen<. Im Gegensatz zu Ruhrgas hat der Chemiekonzern bereits in der Vergangenheit nicht nur russisches Gas an der Grenze abgenommen, sondern den Russen auch einen Zugang zum deutschen Endverbrauchermarkt eröffnet. Um die Unabhängigkeit vom einseitigen Quasimonopolisten in Deutschland, der Ruhrgas, zu verringern, gründeten Winterstahl und Gasprom 1990 die Wingas, die inzwischen auf knapp 15 Prozent Marktanteil in Deutschland kommt und sich zu 80 Prozent auf russisches Gas stützt.“ [132]

Die Bundesregierung steht solchen Vorgängen positiv gegenüber, bejaht eine Zusammenarbeit zwischen russischen

---

[129] Reitschuster, Boris: Wladimir Putin. Wohin steuert er Russland? Rowohlt Verlag, Berlin, 2004

[130] Frankfurter Allgemeine Zeitung: BASF weitet seine Partnerschaft mit Gasprom aus, Freitag, 28. April 2006, Nr. 99, S. 13

[131] Frankfurter Allgemeine Zeitung: BASF weitet seine Partnerschaft mit Gasprom aus, Freitag, 28. April 2006, Nr. 99, S. 13

[132] Frankfurter Allgemeine Zeitung: BASF weitet seine Partnerschaft mit Gasprom aus, Freitag, 28. April 2006, Nr. 99, S.13

und deutschen Konzernen und begrüßt die Öffnung der Märkte. [133]

Sicherlich ist das Energiegeschäft eine der wichtigsten Branchen in den wirtschaftlichen Beziehungen zwischen Russland und Deutschland, doch gibt es auch andere Bereiche, in denen Partnerschaften von Erfolg gekrönt sind. Eines der besten Beispiele ist der Vertrag zwischen der Deutschen Bank und der Russischen Entwicklungsbank in Tomsk: „Der Vorstandschef der Deutschen Bank, Josef Ackermann, unterschrieb unter anderem eine Grundsatzvereinbarung mit der Russischen Entwicklungsbank. Das größte deutsche Geldinstitut will nach Angaben des Vorsitzenden des Ost-Ausschusses der deutschen Wirtschaft, Jürgen Mangold, den Partner beim Aufbau einer Infrastruktur für das Kreditgeschäft mit dem russischen Mittelstand beraten.“ [134]

Auch im Bereich Verkehrswesen, sind die wirtschaftlichen Interessen beider Länder sehr stark aneinander gebunden. Der Chef der Staatlichen Russischen Bahn RZD Wladimir Jakunin äußerte sich am Rande des Russian Economic Forums erfreut über die Aussichten einer deutsch-russische Zusammenarbeit beim Ausbau der Transsibirischen Eisenbahn als wichtige Gütertransfer-Ader zwischen Europa und Asien. [135] Und nicht zu vergessen, die „Deutsche Bahn will ihr Frachtgeschäft mit Russland ausbauen. Dafür soll eine gemeinsame Logistik-Tochtergesellschaft mit der russischen Bahn gegründet werden, teilte die Deutsche Bahn mit. Bei der Unterzeichnung einer Vereinbarung im Rahmen des Besuchs von Kanzlerin Angela Merkel (CDU) in Tomsk sagte Bahn-Chef Hartmut Mehdorn, Russland sei ein wachsender Markt und die Landbrücke nach China.“[136]
Vor dem ersten Besuch der Bundeskanzlerin Merkel in Russland, hat sie von US-Präsident Bush den Rat bekommen, die Abhängigkeit Deutschlands von russischen Rohstoffen zu

---

[133] Vgl. Rinke, Andreas: Merkel in der Mittlerrolle, in: Handelsblatt Nr. 82, Donnerstag, 27. April 2006, S.5

[134] Frankfurter Allgemeine Zeitung: Bahn und Deutsche Bank schließen Verträge ab, Freitag, 28. April 2006, Nr. 99, S.13

[135] Vgl. Rinke, Andreas: Merkel in der Mittlerrolle, in: Handelsblatt Nr. 82, Donnerstag, 27. April 2006, S.5

[136] Frankfurter Allgemeine Zeitung: Bahn und Deutsche Bank schließen Verträge ab, Freitag, 28. April 2006, Nr. 99, S.13

senken. Fairerweise muss man feststellen, dass Russland seit Jahrzehnten ein sicherer Lieferant für Deutschland ist, auch schon zu Zeiten der ehemaligen Sowjetunion, wie oben schon erwähnt. Man muss nüchtern den Vergleich ziehen mit anderen Ländern, die an Rohstoffen reich sind, aber politisch und was die Sicherheit anbelangt in unruhigen Regionen der Welt liegen.

Russland ist an stabilen wirtschaftlichen Verbindungen mit Deutschland sehr interessiert, weil Deutschland ein starker und verlässlicher Partner ist. Deshalb möchte Russland auch im deutschen Verteiler-Netz seine Hand im Spiel haben.

7.3 Geographische Nähe

Die geographische Nähe Russlands, seine Größe[137] und die Ausbreitung über Ost-Europa bis nach Asien machen Russland zu einem wichtigen Partner Deutschlands, nicht nur wirtschaftlich gesehen, sondern auch in Sicherheitsfragen. Schließlich ist Russland ein Teil Europas und Europa beginnt sich mehr und mehr auf sich selbst zu besinnen.
„Geographisch gesehen scheint klar, dass Russland zum kleineren Teil in Europa, zum größeren hingegen in Asien liegt, dass aber die Bevölkerung Russlands zum größeren Teil in Europa und nur zum kleineren in Asien lebt. Der kleinere, europäische Teil Russlands ist immerhin an Fläche so groß, wie das ganze Europa ohne Russland. Und das ganze Russland ist mehr als doppelt so groß wie dieses Europa ohne Russland." [138]

7.4 Wertesysteme

Deutschland hat in Bezug auf Russland zwar wirtschaftliche Interessen, ist aber andererseits fest ins europäische Wertesystem eingebunden. In Russland scheinen die westlichen Werte wie Demokratie, Rechtsstaatlichkeit und Menschenrechte wieder zur Diskussion zu stehen. Konfliktpotenzial ergibt sich deshalb vor allem im Bereich der unterschiedlichen

[137] Russland ist flächenmäßig der größte Staat der Erde
[138] Jahn, Egbert: Russland innerhalb und außerhalb Europas, in Gorzka, Gabriele / Schulze, Peter W. (Hg.): Wohin steuert Russland unter Putin, Campus Verlag, Franfurt / New York, 2004, S.389

Wertesysteme der beiden Länder. Man muss natürlich auch unumwunden zugeben, dass Altbundeskanzler Schröder in Fragen, die das Wertesystem betreffen, auf Putin keinen Einfluss hatte. Solche Fragen wurden von vorneherein, um den Erhalt der Freundschaft willen, ausgeklammert. Angela Merkel dagegen bezieht Position und weist deutlich auf Unterschiede vor allem in Menschenrechtsfragen hin.

7.5 Weg zur Demokratie

Die heutige russische Regierung wird nach wie vor vom Westen als autoritäres Regime gesehen. In seinem politischen System, so wie es sich darstellt, hat das Volk praktisch keinen Einfluss auf die Politik. Als Beispiel eines Mahners möchte ich den ehemaligen deutschen Außenminister Joschka Fischer anführen. Er betrachtete die Frage der Demokratie in Russland offen kritisch und betonte die Bedeutung der Demokratie für die Zukunft. Er sagte: „Die entscheidende Frage ist: Wird sich Russland für die Verwirklichung eines demokratischen Rechtsstaats entscheiden oder nicht? Von der Antwort hängt alles andere ab, das Schicksal der jungen Demokratie, wirtschaftlicher Erfolg und die Beziehungen zu anderen Staaten."[139] Manche internationale Organisationen sahen bereits eine allmähliche Tendenz zur Konzessionsbereitschaft staatlicher Autorität – auch im Hinblick auf die Pressefreiheit, doch wie wir wissen, hat Putin inzwischen wieder in größerem Ausmaß die Kontrolle über weite Teile der Medienlandschaft an sich gezogen. Von deutscher Seite werden immer wieder die Verletzungen rechtsstaatlicher und demokratischer Prinzipien festgestellt, die natürlich mit den rechtsstaatlichen Prinzipien und den westlichen Werten, denen sich Deutschland auch in seiner Verfassung verpflichtet hat, nicht vereinbar sind.

Doch wie sehen die Russen selbst ihre Lage und wie beurteilen sie ihren eigenen Präsidenten?
Russland befindet sich schon durch die flächenmäßige Weite des Landes und erst recht natürlich durch den vorausgegan-

---

[139] Vgl. Fischer, Joschka: Beitrag für das Buch „Neue Bewegung in die deutsch-russischen Beziehungen!", herausgegeben von Erich G. Fritz, 2001. Online im Internet. URL: http://www.deutschebotschaft-moskau.ru/de/aussenpolitik/reden/beziehungen.html. Stand: 06.12.2005

genen, jahrzehntelangen Kommunismus in einer besonderen Lage. Viele Freiheiten sind in jüngster Zeit schon erkämpft worden, doch für eine echte Demokratie ist das Land noch nicht reif. Es braucht noch die starke Hand eines ordnenden, mächtigen Mannes an der Spitze. Das akzeptieren seine Untertanen auch: „Im eigenen Land hat Wladimir Putin kein Image-Problem: Mit 75 Prozent führt der Freizeit-Judoka die Popularitäts-Rangliste mit großem Abstand an.“[140] Nicht zu vergleichen etwa mit den Popularitätszahlen von George W. Bush: „... zuletzt hatten noch 46 Prozent seiner Landsleute eine hohe Meinung von Bush, nur 41 Prozent zeigten sich mit seiner Politik einverstanden.“ [141]

Auf dem Weg hin zur Demokratie begegnen wir in Russland auch einer bemerkenswerten Institution, die man vielleicht als ‚halbdemokratisch' bezeichnen könnte: die ‚obschestwennaja palata'. Sie besteht aus insgesamt 126 Mitgliedern: 42 Mitglieder werden vom Präsidenten aus einer Reihe von besonders bekannten Persönlichkeiten aus den verschiedensten Bereichen des Lebens ausgewählt, vom Gebiet der Politik bis hin zur Musik-Branche. Es sind Menschen, die in ihrem Berufsbereich etwas Besonderes für den Staat geleistet haben. Diese 42 Mitglieder wählen weitere 42 Personen aus den Reihen der Vertreter verschiedener gesellschaftlicher Organisationen, und in den föderalen Zentren des Landes wird eine dritte Riege von 42 Mitgliedern von den bereits 84 gewählten Personen berufen.

Unter den Mitgliedern der Obschestwennaja Palata kann man berühmte Namen finden, wie die Legende der sowjetischen und russischen Popmusikszene: Alla Pugatschjova, einen der beliebtesten sowjetischen Schauspieler Kaljagin Aleksander, die weltbekannte Trainerin im russischen Eiskunstlauf, die Olympiasiegerin Irina Rodnina. Auch Vertreter verschiedener Religionen und verschiedener nationaler Gruppen sind vorzufinden, wie es sich für ein multikulturelles Land wie Russland gehört, z.B. Ajuschejev D.B., der Vertreter der Buddhisten, Nagajev Mavlit, der das tschetschenische

---

[140] Bischof Burkhard: Die beiden Riesen, die geliebt werden möchten, Die Presse, Mittwoch, 11.Jänner 2006, S.7

[141] Bischof Burkhard: Die beiden Riesen, die geliebt werden möchten, Die Presse, Mittwoch, 11.Jänner 2006, S.7

Volk repräsentiert, und nicht zuletzt der Metropolit der Russisch Orthodoxen Kirche, Kliment. [142] Weiterhin kamen auch „eine >Frauenbewegung für die Gesundheit der Nation< ins Boot, ein Schriftsteller- und Juristenverband, Filmschaffende und allerlei Wirtschaftsvertreter, darunter Putins Vorzeige-Oligarchen Michail Fridman (Vermögen 9,7 Milliarden US-Dollar) und Wladimir Potanin (6,4 Milliarden).“ [143]
Diese „Volksvertreter“ beschäftigen sich damit, bürgerliche und gesellschaftliche Organisationen zu gründen, um die Staatspolitik effektiver durchführen zu können, aber auch mit der Überprüfung der allgemeinen Gesetze, mit der Kontrolle der föderalen Staatsorgane und mit der Bildung von bürgerlichen Initiativen, zur Wahrung der Rechte, die im Grundgesetz verankert sind .[144] Offensichtlich handelt es sich auch um einen „Vorgang, der nicht zuletzt die anschwellenden Klagen der Amerikaner entkräften soll, die Moskauer Staatsführung habe innenpolitisch ‚in ungerechtfertigter und unangebrachter Weise die Rechte ihres Volkes eingeschränkt‘ - wie Vizepräsident Dick Cheney jüngst im litauischen Vilnius wetterte.“[145]

Wie in jeder demokratischen Gesellschaft gibt es in Russland auch Kritik an der Obschestwennaja Palata. „Die Gesellschaftskammer, so doziert der Kreml-nahe ‚Kulturologe‘ Alexej Tschadajew, sei ‚ein Subinstitut der Adelsversammlung‘, nur eben ‚ohne Aristokratie‘.“[146] Andere Kritiker meinen, die Gesellschaftskammer „werde einen ‚neuen bürokratischen Überbau‘ erzeugen, bestenfalls imstande zur ‚Imitation eines Dialoges‘ zwischen Staat und Zivilgesellschaft.“ [147]

[142] Vgl. http://www.oprf.ru/rus/users.php
[143] Mettke, Jörg R.: Putins Weg ins 19.Jahrhundert,in: Der Spiegel, N.22/ 29.5.06, S.118-119
[144] Vgl. http://www.utro.ru/articles/2004/12/22/389135.shtml
[145] Mettke, Jörg R.: Putins Weg ins 19.Jahrhundert,in: Der Spiegel, N.22/ 29.5.06, S.118
[146] Mettke, Jörg R.: Putins Weg ins 19.Jahrhundert, in: Der Spiegel, N.22/ 29.5.06, S.119
[147] Mettke, Jörg R.: Putins Weg ins 19.Jahrhundert, in: Der Spiegel, N.22/ 29.5.06, S.119

7.6 Menschenrechte

Menschenrechte sind unveräußerliche Rechte. Sie stehen jedem Menschen zu, allein deshalb, weil er Mensch ist. Zu den Menschenrechten zählen u.a. das Recht auf Leben, körperliche Unversehrtheit, Freiheit und Sicherheit der Person, Meinungsfreiheit, Gedanken-, Gewissens- und Religionsfreiheit. Die Pressefreiheit ist ebenfalls ein wichtiger Bestandteil.[148]

7.6.1 Amnesty International und Reporter ohne Grenzen

Die Allgemeine Erklärung der Menschenrechte durch die Vereinten Nationen nach dem Zweiten Weltkrieg war eines der wichtigsten Ereignisse in der Geschichte der Menschheit. Sie ist aber nicht juristisch bindend für die Staaten. Es gibt auch keine über den Staaten stehende Gewalt, welche die Einhaltung der Menschenrechte durchsetzen kann. Zum Schutz ihrer Rechte sind die Menschen also auf die Staaten angewiesen.

Amnesty International (ai) und Reporter ohne Grenzen (RoG) forderten den russischen Präsidenten Putin bei einer gemeinsamen Pressekonferenz 2003 auf, in seinem Land endlich für eine Kultur der Menschenrechte zu sorgen. „Die russischen Bürger müssen an eine gerechtere Zukunft glauben können. Dazu gehört, dass Menschen vor Folter, unfairen Gerichtsverfahren, der Todesstrafe, ungesetzlichen Tötungen, willkürlichen Inhaftierungen und Diskriminierungen geschützt werden und dass im Fall von Rechtsverletzungen die dafür zuständigen Institutionen ihre Aufgaben zuverlässig erfüllen. Täter müssen zur Rechenschaft gezogen werden und Opfer Entschädigung erhalten und rehabilitiert werden. Medien müssen überall in Russland frei und ungehindert arbeiten können, auch in Tschetschenien.“ [149] Besonders die

[148] Vgl. amnesty international: Allgemeine Erklärung der Menschenrechte. Resolution der Generalversammlung vom 10. Dezember 1948. Online im Internet. URL: http://www2.amnesty.de/internet/deall.nsf/windexde/TH2004001

[149] Vgl. amnesty international: Russland braucht eine „Kultur der Menschenrechte“. Gemeinsame Pressemitteilung von amnesty international und Reporter ohne Grenzen. Online im Internet. URL: http://www2.amnesty.de/__C1256A380047FD78.nsf/0/214A8430DE917233C1256DB9002B65AB?Open&Highlight=2,russland. Stand: 08.10.2003

Russen auf der Prachtstraße von Sankt Petersburg
Newskij Prospekt,
demonstrieren ihre Meinung zum Geschehen im Lande

Menschenrechtsverletzungen in Tschetschenien durch die russischen und lokalen Sicherheitskräfte, aber auch durch bewaffnete Gruppen aus Tschetschenien [150], dürfen nicht in Vergessenheit geraten.

Die Menschenrechte gehören nach Ansicht von Amnesty International auf die Agenda des deutsch-russischen Dialogs. Altbundeskanzler Schröder hat vielleicht durch eine Vorbild-Haltung einen Einfluss auf Putin ausüben können, aber die neue Bundesregierung unter Frau Merkel setzt mehr auf Klartext und zeichenhafte Aktionen, wie die oben erwähnte Einladung von Mitgliedern einer Menschenrechtsorganisation bei ihrem letzten Besuch in Moskau.

7.6.2 Kommunismus als Wurzel des Übels

Heute gibt es in Russland viele Probleme, die aus der 70-jährigen sowjetischen Vergangenheit Russlands herrühren, eine Vergangenheit, in der die Menschenrechte systematisch missachtet wurden: Die christliche Religion wurde dem Volk, das eigentlich tiefgreifend christlich verwurzelt ist, mehr oder weniger offen verboten, der Kommunismus sollte als Ersatzreligion fungieren. Es war wie eine Gehirnwäsche, welche die Mentalität, die Gewohnheiten und Lebensvorstellungen der heutigen Russen prägte. Die Reste der damaligen diktatorischen Erziehungsmaßnahmen wirken sich noch heute aus. Viele Menschen sind entwurzelt, andere habe heute zu ihrem ursprünglichen Glauben zurückgefunden.

Im heutigen Russland muss die Regierung Wege finden, den wachsenden Antisemitismus und den Rassismus zu stoppen, die in Russland leider eine immer dramatischere Entwicklung nehmen. Durch Aufklärungsarbeit muss die erniedrigende Lage der Homosexuellen verbessert werden und das nicht nur auf Gesetzesebene, sondern auch auf gesellschaftlicher Ebene. Talkshows im Fernsehen, mit Titeln wie „lieber tot, als homosexuell“ oder „Heilmittel gegen Homosexualität“ sind bezeichnend für die heutigen russischen Anschauun-

---

[150] Vgl.: http://www.auswaertiges-amt.de/www/de/laenderinfos/laender/laender_ausgabe_html?type_id=10&land_id=140#4. Stand: Juni 2004

gen, die als Nachwirkungen aus der kommunistischen Zeit zu sehen sind. Solche Diskriminierungen dürfen in einer demokratischen Gesellschaft keinen Platz haben.
Gerade die jüngsten Ereignisse in Moskau zeigen die Intoleranz und feindselige Haltung der russischen Gesellschaft denen gegenüber, die anders denken und anders leben, also Minderheiten gegenüber. „Unbehelligt von einem tausendköpfigen Milizaufgebot, haben russische Nationalpatrioten und Skinheads in der russischen Hauptstadt eine nicht genehmigte Demonstration von Homosexuellen überfallen und zahlreiche Teilnehmer zusammengeschlagen. Unter den Verprügelten war der deutsche Parlamentarische Geschäftsführer der Grünen/Bündnis 90, Volker Beck.“ [151] Er erzählt selbst:: „Erst wurde ich von einem Stein getroffen. Dann schlug mir ein junger Neonazi mit der Faust ins Gesicht.“ [152] Der Frankfurter Allgemeinen sagte Beck: „Die Bundesregierung muss deutlich machen, dass die Unterzeichnerstaaten der Europäischen Menschenrechtskonvention das Recht auf freie Meinungsäußerung respektieren müssen.“ [153] Gleichzeitig erhob er schwere Vorwürfe gegen die Moskauer Polizei, deren Arbeit er als „Frechheit gegenüber den Bürgern und Bürgerinnen“ [154] bezeichnete. Eine große Gefahr für eine Wandlung hin zu einer Demokratie in Russland ist nicht nur die Tatsache, dass man in Moskau und anderen Städten immer öfter Jugendliche in faschistischen Uniformen marschieren sieht, sondern auch die Tatsache, dass Minderheiten in Russland durch Staat und Polizei nicht geschützt werden. Politiker aller Ebenen sehen an erster Stelle in den Homosexuellen eine Gefahr und keineswegs in den jungen faschistischen Organisationen. Die Schuld an der Eskalation bei der Demonstration in Moskau schoben die russischen Politiker auch einzig und allein den Homosexuellen zu. Man könnte glauben, dass sich die russische Regierung nicht mehr an die Europäische Menschenrechtskonvention erinnern kann und Russland seine eigenen Vorstellungen von

---

[151] Quiring, Manfred: Moskauer Miliz lässt Skinheads auf Schwule einprügeln, in: Die Welt, Montag, 29.Mai 2006, S.4

[152] Financial Times Deutschland: Volker Beck bei Demo in Moskau verprügelt, Montag, 29. Mai 2006, S.10

[153] Frankfurter Allgemeine Zeitung Nr. 123: Volker Beck in Moskau verletzt, Montag, 29.Mai 2006, S.4

[154] Frankfurter Allgemeine Zeitung Nr. 123: Volker Beck in Moskau verletzt, Montag, 29.Mai 2006, S.4

den Menschenrechten hat. Dabei sagte Wladimir Putin vor noch nicht allzu langer Zeit: „Messt uns mit den Maßstäben, an denen wir zu messen sind“! [155]
Es darf auch nicht unwidersprochen bleiben, wenn der österreichische Bundeskanzler Wolfgang Schüssel nach einem Gespräch mit Wladimir Putin bemerkt: „Russland ist sich der Probleme betreffend Demokratie und Menschenrechte vollauf bewusst.“ [156] - Nach meiner Einschätzung ist das jedenfalls derzeit noch nicht der Fall.

Entsetzliche Berichte über die russische Armee dringen immer öfter nach draußen. Mit „Dedowschina“ bezeichnet man die Folterungen von jungen Soldaten durch ältere Armeeangehörige oder Vorgesetzte. Es ist ein traditionelles Recht für ältere Soldaten jüngere so zu prügeln und zu schinden, dass manche von ihnen für ihr ganzes Leben zu Krüppeln geschlagen sind. Erst vor wenigen Monaten ging ein Bericht aus Russland durch die Weltpresse, in dem ein junger Soldat gezeigt wurde, dem nach Misshandlungen beide Beine und die Genitalien amputiert werden mussten. Das ist die schockierende Realität der heutigen russischen Armee. Immer öfter hört man Mütter mit etwa folgenden Worten anklagen: >Ich habe meinen Sohn nicht Jahre lang erzogen und beschützt, damit in der Armee ein physisch und psychisch Behinderter aus ihm gemacht wird oder dass er getötet wird<. [157]

Die russische Führungsmacht wendet heute noch die Mittel der kommunistischen Diktatoren an und schafft missliebige Personen aus dem Weg, indem sie die Justiz für sich arbeiten lässt. „Beim Europäischen Gerichtshof für Menschenrechte, von dem Russland schon 80 mal verurteilt worden ist, liegt derzeit eine Beschwerde des einstmals reichsten Mannes Russlands, Michail Chodorkowskij, und seines Kompag-

---

[155] Frankenberger, Klaus-Dieter/Olt, Reinhard: Die Kernbotschaft Europas finden Sie auf jedem Dorffriedhof, Frankfurter Allgemeine Zeitung Nr. 132, Freitag, 9. Juni 2006, S.4

[156] Frankenberger, Klaus-Dieter/Olt, Reinhard: Die Kernbotschaft Europas finden Sie auf jedem Dorffriedhof, Frankfurter Allgemeine Zeitung Nr. 132, Freitag, 9. Juni 2006, S.4

[157] vgl. Kozyrev, Illya: Die Wahrheit über die orange Revolution, BoD-Verlag, 2006, S. 109f

nons Platon Lebedjew gegen ihre Verurteilung zu acht Jahren Lagerhaft vor.“ [158]

7.6.3 „Russland den Russen – Moskau den Moskauern“

> *„ Im Gegensatz zu den anderen Völkern Europas haben die Russen kaum Erfahrungen mit Demokratie: Bis auf die Episode von 1905 bis 1917 wurden sie immer totalitär regiert, erst von den Zaren, dann von der KPDSU. Seit die Staatspartei zerfällt, herrscht Gründungsfieber in Moskau. Neue Parteien schießen wie Pilze aus dem Boden. Etliche giftige, braune sind auch darunter.“* [159]
>
> Barbara Kerneck

„In Russland, dem Kernland der Russländischen Föderation, vergeht seit Anfang des Jahres kaum eine Woche, ohne dass ein Überfall auf Ausländer oder Menschen gemeldet wird, die zwar Staatsbürger sind, aber nicht wie die Russen aussehen.“ [160] Die Täter – sie fühlen sich als ‚echte Russen' – sind meist Jugendliche aus der Skinhead-Szene.
Die Zeiten, in denen diese ‚echten' Russen >nur< russische Juden angegriffen haben, wie es Anfang der 90er Jahre der Fall war, sind vorbei. Im heutigen Russland haben auch die Schwarzen keinen Platz mehr. Anfang der 90er Jahre blieb es noch bei Transparenten, Beleidigungen und einzelnen antisemitischen Ausfällen, wie etwa dem Überfall von 1990: „Mit Gebrüll stürmten am 18. Januar 1990 drei Dutzend schwarzgewandete Schläger in das Haus des Moskauer Schriftstellerverbands, in dem gerade eine Sitzung der Gruppe April stattfand. Sie entrollten Transparente mit Texten wie ‚Moskau ist nicht Tel Aviv' und Konstantin Smirnow, der Anführer der Truppe schrie in sein Megaphon: ‚Jüdische Literaten, schert euch davon! Raus aus diesem russischen Saal,

[158] Veser, Reinhard: Verstimmter Vorsitzender, Russland führt den Europarat, in: Frankfurter Allgemeine Zeitung Nr. 116, Freitag, 19. Mai 2006, S.6
[159] Kerneck, Barbara: Rückwärts in die Zukunft, in Merian 9/43, S.36
[160] Ludwig, Michael: Alltäglicher Fremdenhass, alltägliche Gewalt, in: Frankfurter Allgemeine Zeitung Nr. 100, Samstag, 29. April 2006, S.6

Zionisten haben hier nichts verloren!' "[161] Heutzutage geht es um Körperverletzung und um Ermordung. Heute sind unter den Opfern „afrikanische oder asiatische Studenten, illegale Immigranten, legal in Russland arbeitende Gastarbeiter aus den früheren Sowjetrepubliken Zentralasiens, Menschen aus den südrussischen Kaukasusrepubliken."[162] Die russischen Bürger, die nicht aus Zentralrussland kommen und dementsprechend südländisch aussehen, erwarten sich von Moskau und St. Petersburg gute Möglichkeiten einen Job zu finden, doch gleichzeitig lauert dort eine Gefahr für ihr Leben. Laut einer Umfrage des Moskauer Lewada-Zentrums im Sommer vergangenen Jahres billigten 58 Prozent der Russen das nationalistische Motto >Russland den Russen!<.
Nach einer Umfrage der Stiftung „Öffentliche Meinung" hat zwar die Anzahl jener Menschen in der Russländischen Föderation abgenommen, die feindliche Gefühle gegen eine andere mitwohnende Nation hegten - ihr Anteil ist von 32 Prozent (2002) auf zuletzt 21 Prozent zurückgegangen. Andererseits sprachen sich zuletzt 58 Prozent dafür aus, den Zuzug von anderen Nationen zu verbieten, und 42 Prozent forderten sogar Deportationen." [163]

7.6.4 „Heil Hitler" auf russische Art

„Der junge Mann, der unlängst in eine Moskauer Synagoge eingedrungen war und mehrere Menschen mit einem Messer verletzt hatte, schrie ‚Heil Hitler', bevor er zur Tat schritt." [164] Im Frühjahr jedes Jahres steigt die Anzahl der Überfälle auf ‚anders aussehende' Menschen. „Manche Beobachter führten die große Zahl von Überfällen der jüngsten Zeit, die offenbar allesamt einen rassistischen oder fremdenfeindlichen Hintergrund hatten, auf den Geburtstag Hitlers am 20. April zurück, der in den neonazistischen Zirkeln von Bedeutung ist." [165] Schockierende Reportagen im russischen Fernsehen

[161] Kerneck, Barbara: Rückwärts in die Zukunft, in: Merian 9/43, S.36
[162] Vgl. Ludwig, Michael: Alltäglicher Fremdenhass, alltägliche Gewalt, in: Frankfurter Allgemeine Zeitung, Samstag, 29. April 2006, Nr.100, S.6
[163] Ludwig, Michael: Alltäglicher Fremdenhass, alltägliche Gewalt, in: Frankfurter Allgemeine Zeitung, Samstag, 29. April 2006, Nr.100, S.6
[164] Ludwig, Michael: Alltäglicher Fremdenhass, alltägliche Gewalt, in: Frankfurter Allgemeine Zeitung, Samstag, 29. April 2006, Nr.100, S.6
[165] Ludwig, Michael: Alltäglicher Fremdenhass, alltägliche Gewalt, in: Frankfurter Allgemeine Zeitung, Samstag, 29. April 2006, Nr.100, S.6

ORT und RTR zeigten, wie Hunderte von Jugendlichen in der tiefsten russischen Provinz den Geburtstag Hitlers feierten. „In Moskau wurden in der letzten Zeit nationalistische Gruppierungen registriert, wie der ‚Nationale souveräne Weg Russlands' oder die ‚Russische Volksunion', die jeweils die organisatorische Klammer für Dutzende kleinerer nationalistischer Organisationen bildeten."[166] Die Bildung und Finanzierung solcher Organisationen erklären manche Beobachter damit, dass führungsstarke Personen - ähnlich wie einige russische Oligarchen - Menschenmassen unter ihrer Kontrolle haben möchten, und die Frage, warum als ideologische Grundlage die rassistische Theorie Hitlers eingesetzt wird, wird oft nicht anders beantwortet, als dass es nichts Passenderes gibt, woran perspektivlose Jugendliche glauben wollen. Natürlich gibt es auch Kommentatoren, die für die traurige Tatsache des steigenden Nationalismus und Rassismus eben die Erklärung haben, die in Mode zu sein scheint: ‚an allem ist Putin schuld!' So argumentiert der unabhängige Wissenschaftler und Philosoph Dmitrij Bagdasarow, die „alltägliche Fremdenfeindlichkeit und die Gewaltbereitschaft gegen Fremde seien auch eine Frucht der nationalen Propaganda der politischen Führung unter Putin, die mangels einer anderen fundierten Staatsideologie die ‚patriotische Karte' ausspiele, dem Patriotismus dabei aber eine nationalistische Färbung gebe." [167]

Dem Volk soll ein neues Zusammengehörigkeitsgefühl vermittelt, ein neues Kleid angepasst werden, das nach außen und nach innen gezeigt wird. „Experten schätzen Moskaus Jahresaufwand für vaterländische PR auf rund 100 Millionen Euro." [168] Wahrlich kein Tropfen auf den heißen Stein. Mit der Förderung des inneren Zusammenhalts des russischen Volkes soll dem Zerfall der ehemaligen Weltmacht entgegengesteuert werden. „Während seit Mitte Dezember ein neugeschaffener Fernsehsender regierungsamtliche Auslandspropaganda in englischer Sprache betreibt (Russia

[166] Ludwig, Michael: Alltäglicher Fremdenhass, alltägliche Gewalt, in: Frankfurter Allgemeine Zeitung, Samstag, 29. April 2006, Nr.100, S.6
[167] Ludwig, Michael: Alltäglicher Fremdenhass, alltägliche Gewalt, in: Frankfurter Allgemeine Zeitung, Samstag, 29. April 2006, Nr.100, S.6
[168] Der Spiegel: Bär mit Balalaika, 1/2006, S.87

Today TV; finanzielle Erstausstattung: 30 Millionen US-Dollar) sollen zu Hause vornehmlich Schulen und Kasernen verstärkt in den Genuss vorformulierter Vaterlandsliebe kommen. Vom zentralen Fernsehen und Rundfunk hinunter bis zu Regionalprogrammen wird die Einführung regelmäßiger Sendungen ‚patriotischer Bürgererziehung' erwartet.“ [169]

Selbst die ‚Iswestija', die ja sonst inhaltlich regierungskonform ist, kritisiert den militaristischen Stil der patriotischen Erziehung des Volkes. [170]

Andererseits darf man nicht vergessen, dass sich Russland seit dem Zerfall der UDSSR in einem patriotischen Vakuum befindet, das gefüllt werden muss. Diese patriotische Erziehung der Jugend kann ein notwendiger Schritt hin zu verstärkter Einigung der Nation sein, hoffentlich auch hin zu gegenseitiger Toleranz, zu Nebeneinander und zu Akzeptanz von Minderheiten.
Die Wurzeln des wachsenden Nationalismus, Antisemitismus und der Homophobie reichen definitiv hinein in die letzten 70 Jahre. Das Empfinden und die Sichtweise eines Volkes wird nicht von heute auf morgen verändert.
Es bleibt aber die traurige und bemitleidenswerte Tatsache, dass sich Minderheiten derzeit in Russland in Gefahr befinden.

7.7 Pressefreiheit

Die Pressefreiheit gehört zu den Menschenrechten.[171] Wegen ihrer besonderen Bedeutung im Zusammenhang mit der Innenpolitik Putins wird diese hier aber noch einmal gesondert betrachtet.

Wie in Abschnitt 4.2.3 bereits geschildert, ist die Pressefreiheit in Russland stark eingeschränkt. Auch die Organisation für Sicherheit und Zusammenarbeit in Europa (OSZE) hat

[169] Der Spiegel: Bär mit Balalaika, 1/2006, S.86-87
[170] Vgl. Der Spiegel: Bär mit Balalaika, 1/2006, S.87
[171] Vgl. Abschnitt 9.6

anlässlich des Dumawahlkampfes im November/Dezember 2003 deutliche Kritik an der Rolle der Medien geübt.[172]

Der Begriff ‚Pressefreiheit' bezeichnet das Recht der Presse auf freie Ausübung ihrer Tätigkeit, vor allem das unzensierte Veröffentlichen von Informationen und Meinungen. In Deutschland ist dies im Grundgesetz Artikel 5 verankert.

Aber die Pressefreiheit ist bis heute weltweit ein gefährdetes Gut. Journalistenorganisationen wie „Reporter ohne Grenzen" prangern Verstöße gegen die Pressefreiheit an. Dabei wird heute die Freiheit der Presse nicht allein durch Zensur gefährdet, sondern auch durch staatliche oder private Medienmonopole, Ermordungen und Verhaftungen von Journalisten, Druck durch Einschüchterung und staatliche Reglementierung der Medien. Auch in demokratischen Staaten wird die Pressefreiheit regelmäßig verletzt.

Deutschland belegt Platz 11 in der „Internationalen Rangliste der Pressefreiheit 2004", die durch die Organisation „Reporter ohne Grenzen" jährlich veröffentlicht wird. Russland belegt Rang 140 von 167 erfassten Ländern.[173] „Schon gleich nach dem Machtwechsel im Kreml vor sechs Jahren begann eine Neujustierung der Kader und Kompetenzen für die Herstellung eines gefälligen Russlandbildes in der Welt. Ausländische Medien und ihre Korrespondenten wurden wieder in ‚feindliche' und ‚kooperative' sortiert." [174]

Für den deutsch-russischen Dialog gilt hier dasselbe wie für die Menschenrechte insgesamt: Ein offener Dialog über die Menschenrechtsverletzungen in Russland gehört auf die Tagesordnung des deutsch-russischen Dialogs, auch wenn dies als Einmischung in die inneren Angelegenheiten bezeichnet wird.

---

[172] Vgl. Auswärtiges Amt: Russische Föderation. Innenpolitik. Online im Internet. URL: http://www.auswaertiges-amt.de/www/de/laenderinfos/laender/laender_ausgabe_html?type_id=10&land_id=140#4. Stand: Juni 2004

[173] Vgl. Reporter ohne Grenzen: Rangliste zur Situation der Pressefreiheit weltweit. Rangliste 2004. Online im Internet. URL: http://www.reporter-ohne-grenzen.de/cont_dateien/indpres.php

[174] Der Spiegel: Bär mit Balalaika, 1/2006, S.87

8 Russland in deutschen Medien und deutschen Herzen

In dem bekannten Lied „Moskau" der populären deutschen Band „Dschingis Khan" aus den siebziger und achtziger Jahren wird klischeehaft, aber liebevoll und lustig die Vorstellung der Deutschen von Russland gezeichnet. Das Land erscheint ihnen fremd, geheimnisvoll, exotisch, kalt, dennoch voll innerer Glut und mit rätselhaften Gebräuchen, angeblich wirft man dort die Gläser an die Wand.

Die Deutschen scheinen von jeher ein gewisses Maß an Misstrauen und Vorbehalten gegenüber den Russen in sich zu tragen, was vermutlich tieferliegende Wurzeln hat. Der Historiker Wolfgang Burgdorf ist der Meinung, dass die Deutschen, schon als sie sich der Existenz der »Moskowiter« bewusst wurden, schlecht von ihnen dachten. Sie wurden fälschlicherweise als Tataren gesehen. Die unfassbare Größe des russischen Reiches und sein schnelles Wachstum habe später das wilhelminische Deutschland, das selbst auf Expansionskurs war, geängstigt. [175]
„Heute, 15 Jahre nach der Implosion des Warschauer Paktes", so schließt Burgdorf seine historische Analyse, „schwelen die alten Brandreden weiter – und wir fürchten uns vor »Ostkriminellen«, der russischen Mafia und Zwangsprostituierten." [176]

Oft sind die Vorstellungen, die man sich von einem fremden Volk macht, verzerrt, weil die echte Erfahrung fehlt. Die Medien spielen eine nicht zu unterschätzende Rolle. Sie prägen die öffentliche Meinung. Klischeehaftes mischt sich dann gelegentlich mit gründlich Recherchiertem: „Goldene Klobrillen der neuen reichen Russen, ihre Yachten und Villen, Massenarmut, Mafia-Killer und Korruptionsfilz, Willkürjustiz und heimliche Machtergreifung der Geheimdienste, Armeeübergriffe und die brutale Disziplinierung der aufständischen Tschetschenen addierten sich in kaum 15 Jahren beim westlichen Publikum zu einem Russlandbild, das richtig und falsch zugleich ist." [177]

---

[175] Vgl http://www.petersburger-dialog.de/d0010d/morenews.php?iditem=274
[176] http://www.petersburger-dialog.de/d0010d/morenews.php?iditem=274
[177] Der Spiegel: Bär mit Balalaika, 1/2006, S.86

Der einfache Bürger kann sich der Meinungsinfiltration durch die Medien kaum entziehen. Auch die Politiker sind nicht unangefochten. Sowohl in Deutschland als auch in Russland ist die Macht der Medien nicht zu unterschätzen. Keine Regierung kann in ihrer Politik nur die sachlich notwendigen, staatlichen Interessen verfolgen, sie muss auch auf die ständig wechselnden Meinungen des Volkes hören, welche sogar gegen die nationalen Interessen des Staates gerichtet sein können. Deshalb ist eine gute Beziehungen zwischen den Regierungen zweier Völker die Voraussetzung für eine erfolgreiche bilaterale Politik, was wiederum das Fundament für eine freundschaftliche Beziehungen zwischen den beiden Völkern nach sich ziehen kann.

Wie wir in letzter Zeit leider vermehrt feststellen mussten, werden die russische Regierung, das russische Volk und die russische Seele in der deutschen Medienlandschaft mit immer negativeren und oft klischeehaften Darstellungen beschrieben, wodurch die Beziehung zwischen den beiden Ländern leicht Schaden nehmen kann. Dabei werden Randerscheinungen gelegentlich überbewertet. „In Deutschland, wo Ironie gern mit Polemik verwechselt und mit der Keule ausgeteilt wird, drosch der ‚Stern' vorigen Sommer auf russische Touristen an türkischen und ägyptischen Stränden ein: vormaligen Sowjetmenschen, ‚niedrig und robust wie ein T-32-Panzer gebaut', saufend, rempelnd, drängelnd – im schlimmsten Fall ‚Arschlöcher vom Kaukasus'." [178]

„Das Klima zwischen Russland und den Staaten der Europäischen Union ist frostig geworden. Noch nie seit der Gründung des neuen Russlands 1991 seien die Beziehungen zur EU so schlecht gewesen, wiederholte mehrfach ein resigniert wirkender Sergej Kortunow vom russischen Komitee für Außenpolitikplanung auf einer Konferenz der Friedrich-Ebert-Stiftung Mitte März 2005 in Moskau. Russlands Ansehen im Westen hat seit einem Hoch zur Mitte der ersten Putin Amtszeit stetig abgenommen. Der russischen politischen Elite wird im Westen vorgeworfen, sie führe das Land immer weiter ab vom Anfang der 90er Jahre eingeschlagenen Demokratisierungspfad. Auf die Kritik des Westens antworten Poli-

[178] Der Spiegel: Bär mit Balalaika, 1/2006, S.88

tik und Medien in Russland mit zunehmendem Unverständnis und dem Vorwurf, der Westen wolle Russland mit seiner Rhetorik gezielt marginalisieren."[179]

Der Durchschnittsdeutsche fühlt keine richtige Nähe zum russischen Volk. Es erscheint ihm fremdartig, unterkühlt, distanziert, vielleicht sogar bedauernswert. Ein tieferes Interesse an russischer Kultur lässt oft zu wünschen übrig. „Laut einer vor 2 Jahren in Deutschland durchgeführten Untersuchung kannten 43 Prozent der Befragten keinen einzigen russischen Schriftsteller, 67 Prozent keinen Komponisten."[180]

Wir können andererseits erleichtert feststellen, dass die Verschlechterung in den Beziehungen zwischen Deutschland und Russland, die von den deutschen Medien mit dem Regierungsantritt von Frau Merkel vorhergesagt und diskutiert wurde, im Großen und Ganzen nicht eingetreten ist. Die Zusammenarbeit auf höchster diplomatischer Ebene funktioniert heute zwischen Russland und Deutschland noch genau so gut, wie zur Zeit der Schröder-Ära, doch „eine Etage tiefer kommt es zwischen Politikern, Beamten und Experten beider Seiten immer häufiger zu Auseinandersetzungen. So wie im Spätsommer 2004 auf einem hochkarätig besetzten russisch-deutschen Politiker- und Expertentreffen in der Berliner Konrad-Adenauer-Stiftung. Kurz vor dem Geiseldrama in Beslan fühlten sich die russischen Teilnehmer dort zusehends in die Rolle des unterbemittelten Schülers gedrängt. Als schließlich der russische Delegationsleiter sichtlich erregt wissen wollte, was es den Deutschen erlaube, ihre Gäste zu verhören, war auf deutscher Seite das betroffene Schweigen über den unerwarteten Gefühlsausbruch lang." [181] Manch Deutscher kehrte offenbar wieder mal den strengen Schulmeister hervor.

Die deutschen Medien stehen auch der Anti-Terror-Politik des Kremls eher verständnislos gegenüber. Dadurch erhält der deutsche Bürger, der Gott-sei-Dank in keiner ständigen Angst vor Terroranschlägen leben muss, ein falsches Bild

---

[179] http://www.petersburger-dialog.de/d0010d/morenews.php?iditem=274
[180] Der Spiegel: Bär mit Balalaika, 1/2006, S.87
[181] http://www.petersburger-dialog.de/d0010d/morenews.php?iditem=274

geliefert von den vorhandenen demokratischen Normen innerhalb der russischen Föderation. Die strikten Anti-Terror-Direktiven von oben entspringen einer bitteren Notwendigkeit, sie wollen die Mitverantwortung der föderalen Politiker nicht abwürgen. Natürlich stören die anti-terroristischen Maßnamen des Kremls auch das wirtschaftliche Klima, Investoren werden dadurch eher abgeschreckt.

Und dennoch hört man immer wieder eine positive Einschätzung der Beziehungen zwischen Russland und Deutschland von den höchsten Politikern. Im Februar 2005 sagte der Kremlberater Gleb Pawlowskij in Berlin, dass sich Russland und Deutschland noch nie so nah gewesen seien wie heute. Pawlowskij mag Recht haben. Nie zuvor war der konstruktive gesellschaftliche Austausch zwischen den beiden Ländern so groß wie heute. Dazu kommt das gute Verhältnis zwischen Kreml und Kanzleramt.

Doch, wie ich oben schon sagte, die breite Masse in Deutschland berührt diese Nähe kaum. Ihre Russlandwahrnehmung wird bis in absehbare Zeit geprägt sein durch das Medienbild, das deutsche Zeitungen und deutsche Rundfunkanstalten von Russland zeichnen. [182]
Ein Verharren in veralteten, klischeehaften, aus russischer Sicht manchmal beleidigenden Denkstrukturen innerhalb der deutschen Presse will ich in vier Punkten etwas ausführlicher aufzeigen:

- Als Putin an die Macht kam, wurde er von Journalisten sofort als der ehemalige Spion des KGB identifiziert. Als er von der Mehrheit der russischen Bevölkerung zum Präsident gewählt wurde, berichteten die deutschen Medien in einer Weise, als ob die erfolgreiche Installation eine Aufgabe des heutigen FSB[183] gewesen sei. Sehr bald wurde jedoch klar, dass die große Mehrheit der russischen Bevölkerung Putin trotz seiner KGB-Vergangenheit Liebe und Respekt entgegenbringt und dass seine Politik Jahr für Jahr an Popularität ge-

[182] http://www.petersburger-dialog.de/d0010d/morenews.php?iditem=274
[183] Federalnaja Sluschba Besopasnosti, russischer Innlandsgeheimdienst

winnt; da war die Überraschung in den deutschen Medien deutlich zu spüren.

- Bei der Ablehnung des amerikanisch-geführten Irak-Krieges fand sich Deutschland plötzlich in Übereinstimmung mit Russland, sozusagen als Verbündeter. Das konnte doch nicht sein! Es löste einen Schock aus im konservativen Lager deutscher Redakteure. Gegen Amerika zu sein und mit Russland, das hatte es in den letzten 50 Jahren nicht gegeben! [184]

- Es fiel den deutschen Medien in den Jahren vor 2006 nicht leicht, realistisch zu erkennen, dass es in Deutschland wirtschaftlich immer weiter bergab ging. Selbst nach einem sensationellen Artikel in der „Frankfurter Allgemeinen", in dem die Mehrheit der Deutschen die Meinung äußerte, dass sie in den nächsten zwanzig Jahren in Deutschland eine noch tiefere wirtschaftliche Krise erwarte, ist die deutsche Presse weit davon entfernt in guten Beziehungen zu Russland einen wirtschaftlich stabilisierenden Faktor zu sehen und gute Beziehungen wohlwollend zu betrachten. Statt dessen wird die Gefahr einer Abhängigkeit von Russland beklagt.

- „Personifizierte Medienkritik. Mit Wladimir Putin haben viele deutsche Meinungsmacher einen anscheinenden Antidemokraten ausgemacht, der offensichtlich sehr hohen Einfluss auf die Entwicklung in Russland hat. Zu Jelzin-Zeiten war das anders. Damals gab es zwar viele Antidemokraten, doch die hatten wenig Einfluss. Wer das Land führte, war in den 90er Jahren zudem schwer festzumachen. Und damit auch, wer für Armut, Menschenrechtsverletzungen, Tschetschenienkrieg und die Enttäuschung im Lande verantwortlich war. Indem nun Präsident Putin die mächtigen Gouverneure und Oligarchen sowie die Duma entmachtet hat, kann die Medienkritik wieder leichter personifiziert und damit intensiviert werden."[185]

[184] Vgl.: http://www.petersburger-dialog.de/d0010d/morenews.php?iditem=274
[185] http://www.petersburger-dialog.de/d0010d/morenews.php?iditem=274

Zusammenfassend muss ich also feststellen, dass in der deutschen Öffentlichkeit, ob es studentische, politische oder Medien-Kreise sind, sich die Meinung festgesetzt hat, dass das Russland Putins im Vergleich zum Russland Jelzins ein neuerdings diktatorisch geführtes Land ist, ein Land, das seine politische Elite allmählich durch eine Militärelite ersetzt. Die Medien schockieren immer wieder mit Reportagen über die energetischen Abhängigkeit Europas von Russland, sie prognostizieren Allianzen Russlands mit China. Dadurch wird Angst erzeugt, Angst der Deutschen vor ‚dem Osten'. „Denn nur ein in der deutschen Wahrnehmung wenigstens halbwegs demokratisches Russland ist ein für Deutsche verstehbares und damit vorhersehbares Russland. Ein Russland, mit dem man gleiche Werte teilen kann. Ein Russland, mit dem man eng zusammenarbeiten kann. Und ein Russland, von dem darum keine Gefahr ausgeht. Diese Angst vor einer neuen >russischen Gefahr< taucht bislang noch nicht auf im deutschen Mediendiskurs. Doch eine aggressivere russische Außenpolitik zum Beispiel gegenüber Estland und Lettland könnte schnell einen alten Schulkinderruf wieder beleben: >Die Russen kommen!<. Über Ängste aber lässt sich mit denen, die unter ihnen leiden, nur äußerst begrenzt diskutieren. Sollte die alte Ostangst in weiten Bevölkerungskreisen wieder aufbrechen, wäre das mit hoher Wahrscheinlichkeit das Ende guter zwischenstaatlicher Beziehungen."[186]

9 Die deutsch-russischen Beziehungen in jüngster Zeit

Wie bereits gezeigt, haben Russland und Deutschland einige gemeinsame Interessen. Die Gemeinsamkeiten von Russland und Deutschland finden vor allem Ausdruck in ihren vielfältigen Beziehungen in den Bereichen Wirtschaft, Politik und Kultur, sowie in vielen informellen Beziehungen zwischen den Menschen aus beiden Ländern. Russland und Deutschland stehen trotz aller Unkenrufe seit geraumer Zeit in engem Kontakt.

[186] http://www.petersburger-dialog.de/d0010d/morenews.php?iditem=274

9.1 Vertrag über gute Nachbarschaft, Partnerschaft und Zusammenarbeit

Am 9. November 1990 unterzeichneten der damalige Bundeskanzler Helmut Kohl und der damalige Sowjetpräsident Michail Gorbatschow den Vertrag über „Gute Nachbarschaft, Partnerschaft und Zusammenarbeit". Der deutsche Bundestag ratifizierte den Vertrag einstimmig. Heute gilt der Vertrag für Russland, an Stelle der Sowjetunion, weiter. Auch die nachfolgenden deutschen Regierungen führen die Politik der Kohl-Regierung in diesem Punkt fort.[187] Der „Vertrag über gute Nachbarschaft, Partnerschaft und Zusammenarbeit" von 1990 bildet die Grundlage für die bilateralen Beziehungen zwischen Deutschland und Russland.

9.2 Die Haltung des Altbundeskanzlers und seiner Regierung

Der Abschnitt 7.2 Wirtschaftliche Interessen zeigt deutlich, wie groß die wirtschaftliche Abhängigkeit Deutschlands von Russland ist. Dies ist wohl einer der Gründe dafür, dass der Altbundeskanzler sich mit Kritik an der russischen Regierung weitgehend zurückgehalten hat. So behauptete Gerhard Schröder im Juli 2004, dass er bei der Zerschlagung des Jukos-Konzerns keine Anhaltspunkte dafür finden konnte, „dass das nicht mit rechtsstaatlichen Mitteln vor sich geht".[188] Kritiker äußerten sich bisweilen ungeschminkt: „Gerhard Schröder und Russlands Präsident Wladimir Putin pflegen ihren eigenen, fast kindlichen Freundschaftskult. Die schnöde Wirklichkeit bleibt ausgesperrt."[189]

Gerhard Schröder war der Bundeskanzler, der Russland am häufigsten besuchte. In seiner Amtszeit waren das insgesamt elf Visiten und die beiden Freunde haben sich 28 Male getroffen. Manche warfen dabei Schröder vor, nicht die nötige Distanz gewahrt zu haben. Nach einer Befragung des Spiegels waren 53 Prozent der Deutschen jedoch mit diesem Vorwurf nicht einverstanden und fanden diese Freundschaft positiv.[190]

---

[187] Vgl. Leonhard, Wolfgang (Hrsg.): Was haben wir von Putin zu erwarten? Innen- und außenpolitische Perspektiven Russlands. Erfurt, Sutton Verlag, 2001, S. 25

[188] Vgl. Der Spiegel: Russisches Roulette. Spiegel 49/2004, S. 22 ff

[189] Der Spiegel: Schulter an Schulter, Spiegel 53/2004, S.28

[190] Vgl. Der Spiegel: Schulter an Schulter, Spiegel 53/2004, S.28

Der damalige Außenminister und Vizekanzler Joschka Fischer riet dem Bundeskanzler zu mehr Zurückhaltung.[191] Er kritisierte mit deutlichen Worten die fehlende Rechtsstaatlichkeit und fehlende Demokratie in Russland[192] , er äußerte seine Kritik an Russlands Politik in Tschetschenien und sprach mit Wladimir Putin offen über die mangelnden Menschenrechte in Russland. [193]
Die damalige Familienministerin Renate Schmidt wusste, wie gern ihr Chef seinen Freundschaftskult mit dem russischen Präsidenten zelebrierte. Sie hatte volles Verständnis, wenn sie beobachtete, wie Schröder bei den siebten deutsch-russischen Regierungskonsultationen im schleswig-holsteinischen Schloss Gottorf - laut Spiegel - einen halben Schritt hinter Wladimir Putin stand und es trotzdem schaffte, mit seiner Schulter die Schulter des russischen Präsidenten zu berühren[194], oder „wie er keine Gelegenheit ausließ, seinem Gast auf den Arm zu klopfen, ihn zu knuffen, zu streicheln, zu tätscheln.“ [195] Eine Männerfreundschaft.

9.3 Regierungskonsultationen

Russland und Deutschland halten regelmäßig so genannte deutsch-russische ‚Regierungskonsultationen' ab. Es handelt sich dabei um Treffen der wichtigsten Ressortminister. Den gemeinsamen Vorsitz haben der Präsident der Russischen Föderation und der deutsche Bundeskanzler bzw. -kanzlerin. Während dieser Treffen finden Beratungen zu allen wichtigen bilateralen Themen statt. Die Gespräche umfassen den Austausch in politischen, wirtschaftlichen und kulturellen Bereichen.[196] Wie schon erwähnt, fanden die siebten Regierungskonsultationen am 20. und 21. Dezember 2004 in Hamburg

[191] Vgl. Der Spiegel: Russisches Roulette. Spiegel 49/2004. S. 22 ff
[192] Vgl. Fischer, Joschka: Beitrag zum Buch „Neue Bewegung in die deutsch-russischen Beziehungen!“, herausgegeben von Erich G. Fritz, 2001. Online im Internet. URL: http://www.deutschebotschaft-moskau.ru/de/aussenpolitik/reden/beziehungen.html. Stand: 15.12.2004
[193] Vgl. Der Spiegel: Russisches Roulette. Spiegel 49/2004, S.22 ff
[194] Vgl. Der Spiegel: Schulter an Schulter, Spiegel 53/2004, S.28
[195] Der Spiegel: Schulter an Schulter, Spiegel 53/2004 S.28
[196] Vgl. Deutsche Botschaft, Moskau: Deutschland und Russland - ihre politischen Beziehungen. Online im Internet. URL: http://www.deutschebotschaft-moskau.ru/de/aussenpolitik/beziehungen.html. Stand: 15.12.2004

und auf Schloss Gottorf statt[197], die letzten Konsultationen am 26. April 2006 im westsibirischen Tomsk. Es standen hier die Energiepartnerschaft mit Russland und der Atomkonflikt mit dem Iran auf der Tagesordnung. Die Kanzlerin wurde begleitet von Außenminister Frank-Walter Steinmeier, Innenminister Wolfgang Schäuble, von sechs weiteren Ministern, Staatssekretären, einer 20-köpfigen Wirtschaftsdelegation. Die Kanzlerin und der russische Präsident nahmen an einem Wirtschaftsforum teil, in dem künftige Investitionsschwerpunkte festgelegt wurden: Automobilbau, Luft- und Raumfahrt, Verkehr, Gesundheit sind einige davon. Daraus ergeben sich attraktive Chancen für die deutsche Industrie. Im Vorfeld der deutsch-russischen Regierungskonsultationen hatte der Energiekonzern Gasprom angekündigt, die Gaslieferungen nach Europa zu reduzieren, wenn er keinen Zugang zu den Verteilernetzen bekäme.

Diese Reise nach Tomsk war der zweite Besuch der Kanzlerin in Russland. Im Januar 2006 hatte sie Wladimir Putin in Moskau getroffen.[198]

9.4 Petersburger Dialog

Ein weiteres Beispiel der Zusammenarbeit zwischen Russland und Deutschland ist der Petersburger Dialog.
Der Petersburger Dialog wurde auf Initiative des russischen Präsidenten Wladimir Putin und des deutschen Altbundeskanzlers Gerhard Schröder ins Leben gerufen und fand zum ersten Mal im Frühjahr 2001 in Petersburg statt.[199] „Nach dem Vorbild der deutsch-britischen Königswinter Konferenzen soll er ein Forum für den offenen Dialog zwischen den Zivilgesellschaften beider Länder bieten.“ [200]

Warum wurde eben diese Stadt für ein so wichtiges Ereignis ausgewählt ?

---

[197] Vgl. Bundesregierung Online: Wladimir Putin ist offen für Vorschläge der Europäischen Union. Online im Internet. URL: http://www.bundesregierung.de/-,413.762839/artikel/Wladimir-Putin-ist-offen-fuer-.htm. Stand: 20.12.2004

[198] Vgl. www.bundeskanzlerin.de/bk/root,did=48092.html abgerufen am 08.05.2006

[199] Vgl. Deutsche Botschaft, Moskau: Deutschland und Russland - ihre politischen Beziehungen. Online im Internet. URL: http://www.deutschebotschaft-moskau.ru/de/aussenpolitik/beziehungen.html. Stand: 15.12.2004

[200] http://www.petersburger-dialog.de/d0012d/default.php Stand 6.04.2006

Eremitage (Winterpalast)

Sankt Petersburg ist die ehemalige Hauptstadt des Zarenrusslands. Sie wurde im Jahre 1703 von Peter dem Großen gegründet, auf den 44 Inseln im Mündungsdelta der Newa, mit 68 Kanälen, geplant vom berühmten italienischen Architekten Bartolomeo Rastrelli. „Tatsächlich ist St. Petersburg im Unterschied etwa zu Moskau keine organisch gewachsene, sondern eine demiurgisch geplante, der Phantasie Zar Peters des Ersten entsprungene Stadt." [201] Im Lauf der Geschichte hieß diese Stadt Petersburg, Petrograd und Leningrad. Assoziationen, die man mit Sankt Petersburg immer verband, waren ‚Nordische Hauptstadt Russlands' und ‚Venedig des Nordens', doch das St. Petersburg der neunziger Jahren des zwanzigsten Jahrhunderts war nichts anderes als eine kriminelle Großstadt Russlands. Nach dem Zerfall der Sowjetunion zeigte sich St. Petersburg immer noch als eine wunderschöne Stadt, wohl mit langsam zerfallenden Palästen, aber doch hochinteressanten Sehenswürdigkeiten, andererseits wies diese Stadt die höchste Kriminalitätsrate Russlands auf – organisierte Kriminalität, eine Hauptstadt voller Gefahren, - ‚Banditskij Peterburg' – ‚Petersburg der Banditen'.

Seit Putin am Ruder ist erlebt die Stadt eine Wiedergeburt. Die Perle der Architektur glänzt wieder, Paläste, Denkmäler, das ganze Erbe des Zarenrusslands wurde restauriert und sieht heute genau so prachtvoll aus wie zur Zeit Tschaikowskijs und Tolstojs.

Heute repräsentiert St. Petersburg das neue, erfolgreiche, starke, junge Russland mit der Jahrhunderte alten Kultur.

Aber nicht nur in kultureller Hinsicht erlebt die nordische Hauptstadt ihre Wiedergeburt, auch politisch und wirtschaftlich ist sie heute so wichtig und bedeutend geworden, wie schon seit Jahrzehnten nicht mehr. Im letzten Jahr ist das russische Bundesverfassungsgericht von Moskau nach Petersburg verlegt worden. In diesem Sommer wird das G8-Treffen in St. Petersburg stattfinden. Auch für den Dialog zwischen Russland und Deutschland wurde diese Stadt aus-

[201] Hamel, Christine: Russland, DuMont Verlag, Köln, 2004, S.239

gewählt. Am Petersburger Dialog nehmen 60 bekannte Vertreter aus dem öffentlichen Leben teil und „die junge Elite" aus allen Bereichen der Gesellschaft. „Der Petersburger Dialog soll die Verständigung zwischen Deutschland und Russland fördern, die Zusammenarbeit in allen Bereichen der Gesellschaft vertiefen, Vorurteilen in der Wahrnehmung des jeweils anderen Landes entgegenwirken und damit den deutsch-russischen Beziehungen neue Impulse geben." [202]

Der Dialog findet einmal im Jahr statt, abwechselnd in Russland und Deutschland. Es werden die im deutsch-russischen Dialog tätigen Institutionen miteinbezogen. Es gibt sowohl interne Arbeitsgruppen, wie auch öffentliche Diskussionen. Die Finanzierung wird durch die russische und deutsche Regierung, durch politische und private Stiftungen und durch Wirtschaftsunternehmen aus Deutschland und Russland bestritten.

Eine angenehme Überraschung zeichnete sich bei der im Oktober 2006 in Dresden durchgeführten Verleihung des Europäischen Kulturpreises ab. Schon im Vorfeld hieß es: „der Petersburger Dialog [...] steht bereits als einer der Preisträger für den Europäischen Kulturpreis fest - und zwar in der Kategorie Politik." [203]

9.5 Weitere Kooperation

Die bilateralen Beziehungen zwischen Deutschland und Russland gehen auch über die Regierungsinitiativen hinaus: Zwischen dem deutschen Bundestag und der Staatsduma bestehen seit Jahren Kontakte. Besonders eng sind diese zwischen der deutsch-russischen Parlamentariergruppe und ihrem russischen Gegenüber.
In jedem Jahr absolvieren darüber hinaus zehn russische Hochschulabsolventen ein sechsmonatiges Praktikum im deutschen Bundestag, um so die Arbeit des Bundestages und der Abgeordneten besser kennen zu lernen.

[202] http://www.petersburger-dialog.de/d0012d/default.php Stand 6.04.2006
[203] http://www.petersburger-dialog.de/d0010r/morenews.php?iditem=193 Stand 6.04.2006

Der Bundesrat unterhält mit dem Föderationsrat der Russischen Föderation eine Freundschaftsgruppe, die der Vertiefung der Zusammenarbeit beider Staatsorgane, dem Austausch von Erfahrungen und Informationen über Aufgaben, Funktion und Wirkungsweise sowie der Erörterung beiderseits interessierender Fragen dienen soll.[204]

9.6 Kulturelle Beziehungen

In dem speziellen Verhältnis Deutschland – Russland haben sich die Kulturbeziehungen zu einer Art „Dritten Säule“ der Außenpolitik entwickelt.[205] Ihnen kommt also ganz besondere Bedeutung zu. Die kulturelle Zusammenarbeit erstreckt sich dabei über die offiziellen Vertreter hinaus auch auf viele private Organisationen, Vereine und Initiativen.
Der kulturelle Austausch reicht vom musikalischen Bereich über Theater, Film und Literatur bis hin zur Sprachförderung und zu studentischen Programmen. Diese sind Schwerpunkte im Kulturaustausch, vor allem auch deshalb, weil das Interesse der Deutschen an der russischen Sprache im Wachsen begriffen ist.

Bei der Jubiläumsfeier von St. Petersburg oder bei den Feierlichkeiten zum Sieg der Sowjetunion über Hitler-Deutschland war noch der ehemalige Bundeskanzler Schröder einer der erwünschten und wichtigsten Gäste Putins gewesen.

Heute ist eines der aktuellsten Beispiele für die enge Beziehung zwischen Deutschland und Russland im kulturellen Bereich die Einladung des russischen Präsidenten zur 800-Jahr Feier der Stadt Dresden durch Bundeskanzlerin Merkel. Man darf feststellen, dass mit der neuen Bundeskanzlerin die Aktivitäten im kulturellen Austausch der beiden Ländern nicht nachgelassen haben. Putin kam mit einer Delegation aus

[204] Vgl. Deutsche Botschaft, Moskau: Deutschland und Russland - ihre politischen Beziehungen. Online im Internet. URL: http://www.deutschebotschaft-moskau.ru/de/aussenpolitik/beziehungen.html. Stand: 15.12.2004

[205] Vgl. Institut für Auslandsbeziehungen: Synergie-Studien. Netzwerke für die Zukunft. Die deutsch-russischen Kulturbeziehungen. Zusammenfassung. Online im Internet. URL: http://www.ifa.de/v/drussland_zus.htm. Stand: 16.12.2004

Russland. Sogar Michail Gorbatschow erhielt eine Einladung nach Dresden. Im Rahmen des Europäischen Kulturpreises wurden in Dresden die Nominierungen für Kommunikation, Russisch-orthodoxe Kirche und Evangelisch-lutherische Kirche vorgenommen und schon im Vorfeld wurde bekannt, dass auch die russische Sopranistin Anna Netrebko, die bei ihren grandiosen Konzerten in Köln, München und anderen Städten Deutschlands hochgelobt worden ist, nominiert werden soll. Weitere intensive Zusammenarbeit betrifft unter anderem auch den Hochschul- und Wissenschaftsbereich.

Innerhalb der kulturellen Beziehungen zeigt sich jedoch auf russischer Seite eine Problematik sehr deutlich. Nach einer ersten auch kulturellen Orientierung in Richtung Westen nach dem Ende der Sowjetunion ist für die Mehrzahl der Russen inzwischen wieder die Wahrung der nationalen Identität in den Mittelpunkt gerückt. Gleichzeitig offenbart sich auch noch ein Unverständnis für manche westlichen politischen und gesellschaftlichen Werte. Auf der anderen Seite können viele Europäer das russische Wertesystem nicht nachvollziehen. Hier ist dringend noch ein verstärkter Dialog notwendig.

Neben den vielfältigen Beziehungen auf offizieller Ebene entwickeln sich aber auch Beziehungen, die der in Kiew geborene Literaturwissenschaftler und Germanist Lew Kopelew als „Volksdiplomatie" bezeichnet.[206] Er meint damit die direkten Beziehungen zwischen den Menschen beider Völker z.B. in Form von Städtepartnerschaften.

9.7 Regierungskonsultationen in Tomsk – April 2006

Wie in 9.3 schon erwähnt fanden Ende April 2006 in Russland im sibirischen Tomsk die achten Regierungskonsultationen Russland-Deutschland statt. Zehn Minister und zwanzig Top-Manager begleiteten die Kanzlerin zu den deutsch-russischen Konsultationen nach Sibirien. „Für die insgesamt

[206] Vgl. Kopelew, Lew, in: Faulenbach, Bernd / Stadelmaier, Martin (Hrsg.): Diktatur und Emanzipation: Zur russischen und deutschen Entwicklung; 1917 – 1991, Klartext Verlag, Essen, 1993, S. 31

150 Begleiter reichte der Regierungs-Airbus ‚Konrad Adenauer' nicht aus."[207] Dies war bislang die zahlenmäßig größte und auch hochkarätigste Delegation, die Bundeskanzlerin Angela Merkel bei ihren Auslandsbesuchen begleitete.[208]

9.7.1 Breit angelegte strategische Kooperation

„Die eigentliche Bedeutung des Treffens liegt nach Auffassung deutscher Regierungsstellen in der Versicherung, nach dem Wechsel der Bundesregierung im vergangenen Jahr und mit der neuen Bundeskanzlerin werde sich an der grundsätzlichen Linie nichts ändern, es gebe zwischen Deutschland und Russland eine ‚strategische Partnerschaft'."[209] Angela Merkel sprach in Tomsk von einer ‚breit angelegten strategischen Kooperation'.[210] Wenngleich die früheren Regierungskonsultationen immer wieder kritisiert wurden, da Schröder die für den Kreml unangenehmen Themen nicht angesprochen hatte, so konnte man bei diesen Gesprächen ein derartiges Manko nicht feststellen: „Sowohl Merkel als auch Putin bezeichneten das Gespräch als sehr offen."[211]

9.7.2 Verträge von Tomsk

Wichtige Verträge konnten in Tomsk von führenden Vertretern deutscher Wirtschaft unterzeichnet werden. Es handelte sich dabei um die bedeutenden Sparten Erdgas, Bankwesen und Verkehr. Bundeswirtschaftsminister Glos zeigte sich erfreut über die Entwicklung und „verwandte einen Vergleich mit der sibirischen Witterung im Frühjahr und dem Zerbrechen des Eises auf dem Fluss Tom in Tomsk: ‚Das Eis ist gebrochen'. Vieles habe sich zum Guten entwickelt. Deutschland wolle ein ‚herausragender Partner' Russlands

[207] Rinke, Andreas: Merkel in der Mittlerrolle, in: Handelsblatt Nr. 82, Donnerstag, 27. April 2006, S.5
[208] Vgl. Rinke, Andreas: Merkel in der Mittlerrolle, in: Handelsblatt Nr.82, Donnerstag, 27. April 2006, S.5
[209] Vgl. Frankfurter Allgemeine Zeitung: „Strategische Partnerschaft" auch unter Kanzlerin Merkel, Donnerstag, 27. April 2006, Nr. 98, S.4
[210] Kopmakt: Merkel auf heikler Mission, in: Die Welt, Donnerstag, 27. April 2006, S.6
[211] Kopmakt: Merkel auf heikler Mission, in: Die Welt, Donnerstag, 27. April 2006, S.6

bleiben. Der Handelsaustausch werde bald 40 Milliarden Euro im Jahr betragen.“ [212]

Die deutsch-russischen Regierungskonsultationen ermöglichen in der Zukunft eine verstärkte Zusammenarbeit des Chemiekonzerns BASF mit dem russischen Gasprom-Konzern. Dadurch wird Russland durch BASF den gewünschten Zugang zu neuen Kunden und Märkten in Deutschland erhalten, aber auch in umgekehrter Richtung werden sich vorteilhafte Verbindungen ergeben. „Der BASF-Konzern hat über seine Tochtergesellschaft Wintershall den Tausch von Unternehmensteilen vereinbart. Die BASF bekommt einen Anteil an dem großen Erdgasfeld Jushno-Russkoye in Westsibirien.“ [213]
„Der Vorstandschef der Deutschen Bank, Josef Ackermann, unterschrieb unter anderem eine Grundsatzvereinbarung mit der Russischen Entwicklungsbank. Das größte deutsche Geldinstitut will nach Angaben des Vorsitzenden des Ost-Ausschusses der deutschen Wirtschaft, Jürgen Mangold, den Partner beim Aufbau einer Infrastruktur für das Kreditgeschäft mit dem russischen Mittelstand beraten.“ [214]

Auch im Bereich Verkehrswesen wurden die wirtschaftlichen Interessen beider Länder stärker an einander gebunden. Der Chef der Staatlichen Russischen Bahn RZD Wladimir Jakunin äußerte sich am Rande des Russian Economic Forums erfreut über die Aussichten einer deutsch-russische Zusammenarbeit beim Ausbau der Transsibirischen Eisenbahn als wichtige Gütertransfer-Ader zwischen Europa und Asien. [215]
Und nicht zu vergessen, die „Deutsche Bahn will ihr Frachtgeschäft mit Russland ausbauen. Dafür soll eine gemeinsame Logistik-Tochtergesellschaft mit der russischen Bahn gegründet werden, teilte die Bahn mit. Bei der Unterzeichnung einer Vereinbarung im Rahmen des Besuchs von Kanzlerin Angela Merkel (CDU) in Tomsk sagte Bahn-Chef Hartmut

[212] Bannas, Günter: Frühlingsstimmung in Sibirien, in: Frankfurter Allgemeine Zeitung Nr. 99, Freitag, 28. April 2006

[213] Frankfurter Allgemeine Zeitung: Nr. 99 BASF weitet seine Partnerschaft mit Gasprom aus, Freitag, 28. April 2006, S. 13

[214] Frankfurter Allgemeine Zeitung Nr. 99: Bahn und Deutsche Bank schließen Verträge ab, Freitag, 28. April 2006, S.13

[215] Vgl. Rinke, Andreas: Merkel in der Mittlerrolle, in: Handelsblatt Nr. 82, Donnerstag, 27. April 2006, S.5

Mehdorn, Russland sei ein wachsender Markt und die Landbrücke nach China." [216]

9.7.3 Diplomatisches Ausräumen von Unsicherheiten

Die Frage der sicheren Lieferung von russischem Öl und Gas war auch ein wichtiges Thema bei den Konsultationen. Nach den von Russland jüngst aus taktischen Gründen gedrosselten Gaslieferungen und den Verstimmungen in den Transitländern wegen der direkten Gasleitung durch die Ostsee, musste die Bundeskanzlerin diplomatisches Feingefühl an den Tag legen, um die Position der Bundesregierung im Hinblick auf die russische Energiepolitik richtig zu vertreten. Und auch danach war ihre Diplomatie gefordert, denn um „Verständnis werben musste Merkel auch für die EU, gerade vor dem EU-Russland-Gipfel Ende Mai. Denn Moskau ist massiv verärgert, dass Kommissionspräsident Manuel Barroso mit einem Antimonopolverfahren gegen Gazprom droht - und als warnendes Beispiel auf den Fall Microsoft verweist." [217]

Unmittelbar vor dem Treffen in Tomsk hatte Putin zu einer neuen Taktik umgeschwenkt, er sprach von der Notwendigkeit neue Märkte in Asien für russisches Öl und Gas zu erschließen. „Wir müssen uns nach Märkten umschauen, die in den Prozess der globalen Entwicklung passen." [218] Damit wollte er den europäischen Ländern nahe legen, dass er auf Europa nicht angewiesen ist und es nicht akzeptieren wird, wenn Russland unfaire Wettbewerbsbedingungen auf dem Weltmarkt aufgezwungen werden. [219]

In Tomsk jedoch versicherte Putin schließlich doch, dass Russland sich an „sämtliche Zusagen für Gaslieferungen hal-

---

[216] Frankfurter Allgemeine Zeitung Nr. 99: Bahn und Deutsche Bank schließen Verträge ab, Freitag, 28. April 2006, S.13

[217] Rinke, Andreas: Merkel in der Mittlerrolle, in: Handelsblatt Nr.82, Donnerstag, 27. April 2006, S.5

[218] Frankfurter Allgemeine Zeitung: „Strategische Partnerschaft" auch unter Kanzlerin Merkel, Donnerstag, 27. April 2006, Nr.98, S.4

[219] Vgl. Kopmakt: Merkel auf heikler Mission, in: Die Welt, Donnerstag, 27. April 2006, S.6

ten und ‚in jeder Weise vertragstreu sein' werde." [220] Deutschland war in den letzten Jahren der wichtigste Partner Russlands in Europa und wird dies sicher auch in der Zukunft bleiben. Doch in der EU ist allen klar, der russische Energieriese drohte, die Gaslieferungen nach Europa zu reduzieren, falls die EU Expansionsbestrebungen des Konzern Gasprom behindern würde.[221]

10 Schlussbetrachtungen

> *„Verstand wird Russland nie verstehen, kein Maßstock sein Geheimnis rauben; so wie es ist, so lasst es gehen - an Russland kann man nichts als glauben. Der kühle, wägende Verstand, kann Russlands Wesen nicht verstehen; denn dass es heilig ist, das Land, das kann allein der Glaube sehen."* [222]
>
> Fjodor Tjutschew (1866)

Historische Eheschließungen europäischer Adelshäuser haben das russische und deutsche Volk eng miteinander verbunden. Dennoch blieb immer ein gewisses, tiefsitzendes Misstrauen und eine Fremdheit zwischen der deutschen und russischen Volksseele erhalten. Die Revolution von 1917 förderte keine Annäherung der beiden Nationen. Der Zweite Weltkrieg, von einem wahnwitzigen Hitler geführt, zerstörte und entzweite die Völker zutiefst. Unsägliches Leid war über Europa gebracht und alles endete im Kalten Krieg mit dem eisernen Vorhang. Atomwaffen waren startbereit aufeinandergerichtet, der Ost- und Westblock standen sich in Angst und Schrecken gegenüber, jeder fürchtete den atomaren Erstschlag des anderen.

---

[220] Frankfurter Allgemeine Zeitung: „Strategische Partnerschaft" auch unter Kanzlerin Merkel, Donnerstag, 27. April 2006, Nr.98, S.4

[221] Vgl. Kopmakt: Merkel auf heikler Mission, in: Die Welt, Donnerstag, 27. April 2006, S.6

[222] Fjodor Tjutschew (1866) – überstetzt ins Deutsche in: Hamel, Christine: Russland, DuMont Verlag, Köln, 2004, S.12

Willy Brandt hatte den Mut und Weitblick eine Annäherung der Blöcke zu initiieren, Helmut Kohl konnte mit Präsident Gorbatschow die historische Stunde nutzen und eine Vereinigung der beiden deutsche Staaten in die Wege leiten. Der Zerfall der Sowjetunion folgte unmittelbar. Glasnost und Perestroika waren nicht in der Lage ein neues politisches System stabil einzurichten, wohl aber ein neues Zeitalter einzuleiten.

Nach dem Fall der Mauer und dem Beginn des Transformationsprozesses in Osteuropa wurde die DDR faktisch Teil der BRD, der Transformationsprozess musste sehr schnell erfolgen. In Russland selbst verlief dieser Prozess deutlich schwerfälliger. Besonders die Politik des ersten russischen Präsidenten Boris Jelzin hatte Anteil daran, dass der Wandel hin zu westlichen Werten wie Demokratie und Menschenrechten nur sehr schleppend erfolgte.

Durch die Politik seines Nachfolgers Wladimir Putin hat sich daran nichts Entscheidendes verändert. Im Gegenteil: Es ist eine Entwicklung in Richtung eines totalitären Staates zu beobachten, Kritiker befürchten sogar eine Umkehrung der demokratischen Prozesse.

Bemerkenswert ist die Tatsache, dass sich trotzdem zwischen den Staatenlenkern Putin und Schröder eine tiefgreifende Freundschaft entwickelte. Entscheidenden Anteil daran hatte sicher auch die Tatsache, dass Wladimir Putin sehr gutes, fließendes Deutsch spricht, welches er sich bei einem jahrelangen Aufenthalt in Deutschland schon vor seinem Amtsantritt angeeignet hatte. Die Familien Schröder und Putin begegneten sich auch in privatem Rahmen mehrmals, beschenkten sich mit kleinen Aufmerksamkeiten und fühlten sich bei ihren Begegnungen offenbar sehr wohl. Eine solche Freundschaft wirkt sich natürlich auch sehr zum Wohle beider Staaten aus. Eine der Früchte dieser nahezu familiären Beziehung ist, wie oben schon erwähnt, die Vereinbarung, eine 2100 km lange Gasleitung von Nordrussland direkt nach Deutschland (Greifswald, Mecklenburg-Vorpommern) zu bauen. Schröder muss sich allerdings den Vorwurf gefallen lassen, dass er zwischen Amt und Privatleben nicht genau unterscheidet, denn seit seinem Ausscheiden aus dem Amt des Bundeskanzlers ist immer wieder die Rede davon, dass er einen Chefposten im Aufsichtsrat der Gasleitung der Firma Gazprom erhalten soll. Manche Kritiker sprechen sogar von einem Geschenk Putins an Schröder. Der stellvertretende FDP-Vorsitzende Rainer Brüderle forderte einen Ehrenkodex für ausgeschiedene Regierungsmitglieder nach dem Vorbild der EU-Kommission. „Es sei zu hoffen, dass der Altkanzler ehrenamtlich tätig werde", sagte Brüderle. „Sonst dränge sich der Verdacht auf, dass der russische Präsident Wladimir Putin seinem Kumpel Schröder einen Versorgungsposten schafft". [223]

Wirtschaftlich hatte sich Russland dem Westen bereits vor Putin allmählich angenähert, es ist aber nicht zu übersehen, welche deutliche Verbesserung der wirtschaftlichen Situation in Russland gerade unter Putin eingesetzt hat. Wladimir Putin erkennt auch die große Bedeutung der EU für die Wirtschaft und Stabilität seines Landes, das selbst ein wichtiger Wirtschaftspartner der Europäischen Union und besonders von Deutschland ist.

Die deutsch-russischen Beziehungen spielen sich zwischen diesen Gegensätzen ab: den gemeinsamen, vor allem wirtschaftlichen Interessen und dem unterschiedlichen Werteverständnis.

Die Frage, ob eine Kooperation zwischen Russland und Deutschland sinnvoll ist, stellt sich aber nicht: beide Partner haben aus den im Verlauf der Studie genannten Gründen Interesse daran, die intensive deutsch-russische Partnerschaft weiter zu pflegen. Die Frage ist eher das „wie". Wie soll vor allem der Umgang mit den kritischen Fragen in Zukunft aussehen?

Dabei ist klar, dass die Zukunft vor allem von der Politik Wladimir Putins abhängt: Sollte sich Wladimir Putin endgültig für eine Abkehr von den europäischen Werten entscheiden, wird die Partnerschaft zwischen Deutschland und Russland zumindest auf politischer Ebene kaum fortbestehen können.

[223] Donau Kurier, Nr. 285, 10./11. Dez. 2005, S. 7

Wie wird sich die neue Bundeskanzlerin Angelika Merkel weiter einbringen? Ein sehr hoffnungsvoller Anfang wurde schon bei ihren Besuchen im Januar in Moskau und im April in Tomsk gemacht. Sie hat gezeigt, dass sie eine starke Persönlichkeit ist und eine deutliche Sprache spricht. Überdies beherrscht Angelika Merkel auch russisch, das könnte wiederum ein Plus für weitere gute Beziehungen sein.

„Merkel wird zeigen müssen, ob sie auf Dauer den Einflüsterern etwa aus dem Kreise der deutschen Wirtschaft wird widerstehen können. Einige von ihnen wie der Vorsitzende des Ostausschusses, Klaus Mangold, werden ihr weismachen wollen, dass gute Geschäfte in Russland nur zum Preis der Servilität gegenüber dem Kreml gemacht werden können. Nötig aber ist in Wahrheit jene Balance, die Merkel bislang andeutet: Deutschland kann in Russland durchaus partnerschaftlich seine Interessen vertreten, ohne seine demokratische Seele zu verkaufen. Auf das richtige Maß kommt es an.“ [224]

Ziel Deutschlands muss es sein, Russland auf dem Weg in die Demokratie zu unterstützen: durch intensive Zusammenarbeit auf politischer, wirtschaftlicher, kultureller und informeller Ebene und durch den stetigen Hinweis auf die Unverzichtbarkeit der westlichen Werte. Deutschland muss also ehrlich klar machen, was es will, auch wenn Russland dabei mit Unverständnis reagieren sollte. Auf der anderen Seite muss sich Deutschland aber auch für die russischen Realitäten und die russischen Interessen öffnen.

Der Weg einer intensiven Kooperation ist demnach der richtige. Er muss von diplomatischer, aber offener, ehrlicher Kommunikation begleitet werden. Bundeskanzlerin Merkel vor ihrer ersten Reise nach Russland in Januar 2006 „vermied das Wort Freundschaft und wählte stattdessen den Begriff der ‚strategischen Partnerschaft‘. Das klingt zwar nicht unbedingt klarer, aber doch erheblich nüchterner.“ [225]

---

[224] Brössler, Daniel: Balance auf der Kremlmauer, Süddeutsche Zeitung, N1.13, München, Dienstag 17. Januar 2006, S.4
[225] Brössler, Daniel: Balance auf der Kremlmauer, Süddeutsche Zeitung, N1.13, München, Dienstag 17. Januar 2006, S.4

Ich persönlich wünsche für unsere beiden Länder, dass die enge politische Freundschaft nicht in einer nüchternen Partnerschaft mündet, sondern in einer liebevollen Annäherung im politischen, wirtschaftlichen und menschlichen Bereich.

Quellenverzeichnis

1. Bannas, Günter: Frühlingsstimmung in Sibirien, in: Frankfurter Allgemeine Zeitung Nr. 99, Freitag, 28. April 2006
2. Barbašina, Elvira / Brandes, Detlef / Neutatz, Dietmar (Hrsg.): Die Russlanddeutschen in Russland und Deutschland, Klartext Verlag, Essen, 1999
3. Barbašina, Elvira / Brandes, Detlef / Neutatz, Dietmar (Hrsg.): Die Russlanddeutschen in Russland und Deutschland. Selbstbilder, Fremdbilder, Aspekte der Wirklichkeit. „Forschungen zur Geschichte und Kultur der Russlanddeutschen", 9. Jahrgang 1999 (Sonderheft)
4. Barbier, Hans-D.: Der Energieminister, in: Frankfurter Allgemeine Zeitung Nr. 99, Freitag, 28. April 2008
5. Bischof Burkhard: Die beiden Riesen, die geliebt werden möchten. Die Presse, Mittwoch, 11. Jänner 2006, S.7
6. Bissinger, Manfred: Moskau und die Deutschen, in: Merian 9/43, Hoffmann und Campe Verlag
7. Brockhaus Enzyklopädie, 17. Auflage, Verlag F.A.Brockhaus, Wiesbaden, 1968
8. Brössler, Daniel: Balance auf der Kremlmauer, Süddeutsche Zeitung, N1.13, Dienstag 17.Januar, München, 2006, S.4
9. Christenko, Wiktor: Moskau setzt auf Kooperation, in: Handelsblatt Nr. 82, Donnerstag, 27. April 2006
10. Danilow, Dmitrij: Parteien im „System Putin“. Russland auf dem Weg zurück in die Einparteienherrschaft? Internationale Politik Nr. 3, März 2004
11. Danilow, Dmitrij: Russlands Interessen. Pragmatismus und Suche nach Balancen. Internationale Politik Nr. 3, März 2004
12. Der Spiegel: Russisches Roulette. Spiegel 49/2004
13. Der Spiegel: Schulter an Schulter .Spiegel 53/2004
14. Der Spiegel: Bär mit Balalaika, 1/2006, S.86-88
15. Donau Kurier, Nr 285, 10./11. Dez. 2005

16. Erickson, Carolly: Katharina die Große. Eine deutsche Prinzessin auf dem Zarenthron.:Reinbek, Rowohlt TB., 2004
17. Erler, Gernot, Russland, Putins Staat - der Kampf kommt um Macht und Modernisierung, Verlag Herder Freiburg im Breisgau, 2005
18. Erling, Johnny: Chinas Panda umarmt russischen Bären, Die Welt, Mittwoch, 22.März 2006, S.6
19. Faulenbach, Bernd / Stadelmaier, Martin: Diktatur und Emanzipation: Zur russischen und deutschen Entwicklung; Klartext Verlag, Essen, 1993
20. Financial Times Deutschland: Volker Beck bei Demo in Moskau verprügelt , Montag, 29. Mai 2006, S.10
21. Frankenberger, Klaus-Dieter / Olt, Reinhard: Die Kernbotschaft Europas finden Sie auf jedem Dorffriedhof, Frankfurter Allgemeine Zeitung Nr. 132, Freitag, 9. Juni 2006
22. Frankfurter Allgemeine Zeitung Nr.5, Otto Graf Lambsdorff: „Mit der Ostsee-Pipeline in die Falle“, Montag, 16. Januar 2006
23. Frankfurter Allgemeine Zeitung Nr. 98: „Strategische Partnerschaft“ auch unter Kanzlerin Merkel, Donnerstag, 27. April 2006
24. Frankfurter Allgemeine Zeitung Nr. 123: „Volker Beck in Moskau verletzt, Montag, 29. Mai 2006, S.4
25. Follath , Erich: Der neue kalte Krieg, Der Spiegel 13/2006
26. Gorzka, Gabriele; Schulze, Peter W. (Hg.): Wohin steuert Russland unter Putin, Campus Verlag, Franfurt / New York, 2004
27. Götz, Friedrich: Ohne Russland geht es nicht. Der europäische Energiemarkt und das russische Erdgas, Books on Demand GmbH, Norderstedt, 2006
28. Graw, Ansgar: Merkel in der Optimismusfalle, in: Die Welt, Donnerstag, 27. April 2006
29. Hamel, Christine: Russland, DuMont Verlag, Köln, 2004

30. Herm, Gerhard: Seltsame Freundschaft: die deutsch-russischen Beziehungen von Otto dem Großen bis Michail Gorbatschow, Rasch und Röhring Verlag, Hamburg, 1990
31. Hillenbrand Olaf, Kempe Iris (Hrsg.): Der schwerfällige Riese. Wie Russland den Wandel gestalten soll, Verlag Bertelsmann Stiftung, Gütersloh, 2003
32. Hoffbauer Andreas / Brüggmann Mathias / Bonse Eric: Putin pokert mit Energievorräten, Handelsblatt, Mittwoch, 22.März 2006, Nr.58, S.1
33. Hoffbauer Andreas: Chinesen blicken in die Röhre, Handelsblatt, News am Abend, Dienstag, 21.03.2006, nr.57
34. Jerofejew, Viktor: Mein Moskau, in: Merian 9/43, Hoffmann und Campe Verlag
35. Keiser, Markus / Ipsen-Peitzmeier, Sabine (Hg.): Zuhause fremd –Russlanddeutsche zwischen Russland und Deutschland, Transcript Verlag, Bielefeld, 2006
36. Kopelew, Lew: in: Faulenbach, Bernd / Stadelmaier, Martin (Hrsg.): Diktatur und Emanzipation: Zur russischen und deutschen Entwicklung; 1917 – 1991, Essen: Klartext Verlag, 1993
37. Kopmakt: Merkel auf heikler Mission, in: Die Welt, Donnerstag, 27. April 2006
38. Kourilo, Olga: Russlanddeutsche als Vermittler im interkulturellen Dialog, in: Ipsen-Peitzmeier, Sabine / Keiser, Markus (Hg.): Zuhause fremd, Russlanddeutsche zwischen Russland und Deutschland, transcript Verlag, Bielefeld, 2006
39. Kryschtanowskaja Olga: Anatomie der russischen Elite. Die Militarisierung Russlands unter Putin, Kiepenheuer & Witsch Verlag, Köln, 2005
40. Leonhard, Wolfgang (Hrsg.): Was haben wir von Putin zu erwarten? Innen- und außenpolitische Perspektiven Russlands. Erfurt, Sutton Verlag, 2001, S.25

41. Ludwig, Michael: Alltäglicher Fremdenhass, alltägliche Gewalt, in: Frankfurter Allgemeine Zeitung, Nr. 100, Samstag, 29. April 2006
42. Maas, Harald: Putin enttäuscht Gastgeber China, Frankfurter Rundschau, Mittwoch, 22.März 2006, Nr.69/ D/H/R/S/, S.6
43. Maćków, Jercy: Demokratie mit Adjektiven? Die Kontinuität des Autoritarismus in Russland unter Jelzin und Putin. Blick in die Wissenschaft, Heft 16, 13. Jahrgang, 2004
44. Maetzke, Heinrich: Neue Tonart aus Berlin, Bayernkurier, Nr.3/21. Januar 2006
45. Maetzke, Heinrich: Moskaus Schlüsselrolle, Bayernkurier, Nr.3/21. Januar 2006
46. Maylunas Andrej, Mironenko Sergei: Nikolaus und Alexandra. Bastei Lübbe, Taschenbuchverlag, 2001
47. Mayr, Walter: Duell ohne Leiche, in: Der Spiegel 2/2006, S. 104-106
48. Mette, Jörg R.: Putins Weg ins 19. Jahrhundert, in: Der Spiegel, Nr.22 vom 29.5.06
49. Müller, Oliver / Heilmann, Dirk: Indiens Energiehunger lockt Öl-konzerne an, Handelsblatt, 20./21./22.Januar 2006, Nr.15, S.16
50. Mommsen, Margareta: Wer herrscht in Russland? Der Kreml und die Schatten der Macht, Verlag C.H. Beck, München, 2003
51. Paulsen, Nina: Sehen, verstehen und darstellen, in: Volk auf dem Weg, Nr.3, März 2006
52. Pflüger, Friedbert: Kritik muss erlaubt sein. Russland ist kein Ausnahmepartner. Internationale Politik Nr. 3, März 2004
53. Politkovskaja, Anna: In Putins Russland, DuMont Verlag, Köln, 2005
54. Quiring, Manfred: Auf heikler Mission in Russland, in: Die Welt, Donnerstag, 27. April 2006
55. Quiring, Manfred: Moskauer Miliz lässt Skinheads auf Schwule einprügeln, in: Die Welt, Montag, 29.Mai 2006, S.4

56. Rahr, Alexander: Wladimir Putin Präsident Russlands - Partner Deutschlands, Universitas Verlag, München, 2002
57. Reitschuster, Boris: Wladimir Putin. Wohin steuert er Russland? Rowohlt Verlag, Berlin, 2004
58. Rinke, Andreas: Merkel in der Mittlerrolle, in: Handelsblatt Nr. 82, Donnerstag, 27. April 2006
59. Ruch, Matthias: Russen streben Kontrolle von Arcelor an, in: Financial Times Deutschland, Montag, 29.Mai 2006, S.1
60. Ryback, Andrzej: Tapetenwechsel, in: Das Journal in: MERIAN, Merian 9/43, Hoffmann und Campe Verlag
61. Süddeutsche Zeitung: Merkel um Distanz zu Putin bemüht, Süddeutsche Zeitung, N1.13, Dienstag 17.Januar, München, 2006, S.1
62. Veser, Reinhard: Verstimmter Vorsitzender, Russland führt den Europarat, in: Frankfurter Allgemeine Zeitung Nr. 116, Freitag, 19. Mai 2006
63. Wieck, Jasper: Parteien im System Putin. Russland auf dem Weg zurück in die Einparteienherrschaft? in: Internationale Politik Nr.3, März 2004
64. Wunderlich, Dieter: Vernetzte Karrieren: Friedrich der Große, Maria Theresia, Katharina die Große. Verlag Friedrich Pustet, Regensburg, 2000

Verwendete Internetseiten

65. amnesty international: Allgemeine Erklärung der Menschenrechte. Resolution der Generalversammlung vom 10. Dezember 1948. Online im Internet. URL: http://www2.amnesty.de/internet/deall.nsf/windexde/TH2004001
66. amnesty international: Russland braucht eine „Kultur der Menschenrechte“. Gemeinsame Pressemitteilung von amnesty international und Reporter ohne Grenzen. Online im Internet.

http://www2.amnesty.de/__C1256A380047FD78.nsf/0/214A843 0DE917233C1256DB9002B65AB?Open&Highlight=2,russland. Stand: 08.10.2003

67. Aretz, Eckart: Berichterstattung ohne Zufall. Online im Internet. URL: http://www.tagesschau.de/aktuell/meldungen/0,1185,OID303598 4_TYP6_THE3035848_NAV_REF1_BAB,00.html. Stand: 09.03.2004

68. Auswärtiges Amt: Russland. Deutsch-russische Wirtschaftsbeziehungen. Online im Internet. URL: http://www.auswaertiges-amt.de/www/de/laenderinfos/laender/laender_ausgabe_html?typ e_id=12&land_id=140. Stand: 14.01.2005

69. Auswärtiges Amt: Russische Föderation. Wirtschaft. Online im Internet. URL: http://www.auswaertiges-amt.de/www/de/laenderinfos/laender/laender_ausgabe_html?typ e_id=12&land_id=140. Stand: 24.08.2004

70. Berger, Carsten: Nicolaus II. & die russische Revolution. In: Wissen erleben – Das Online-Magazin für Geschichte und Geographie. Online im Internet. URL: http://www.wissen-erleben.de/artikel_01_007_05.shtml. Stand: Juni 2003

71. Bundesregierung Online: Wladimir Putin ist offen für Vorschläge der Europäischen Union. Online im Internet. URL: http://www.bundesregierung.de/-,413.762839/artikel/Wladimir-Putin-ist-offen-fuer-.htm. Stand: 20.12.2004

72. Deutsches Ärzteblatt: Gesundheitssystem krankt. Der russische Gesundheitsminister lud Vertreter der Bundesärztekammer zum Erfahrungsaustausch ein. Jahrgang 97, Heft 33, 18. August 2000. Online im Internet. URL: http://www.aerzteblatt.de/v4/archiv/artikel.asp?id=23934. Stand: 18.08.2000

73. Deutsche Botschaft, Moskau: Deutschland und Russland - ihre politischen Beziehungen. Online im Internet. URL:

http://www.deutschebotschaft-moskau.ru/de/aussenpolitik/beziehungen.html. Stand: 15.12.2004

74. Fischer, Joschka: Beitrag für das Buch „Neue Bewegung in die deutsch-russischen Beziehungen!“, herausgegeben von Erich G. Fritz, 2001. Online im Internet. URL: http://www.deutschebotschaft-moskau.ru/de/aussenpolitik/reden/beziehungen.html. Stand: 15.12.2004
75. Institut für Auslandsbeziehungen: Synergie-Studien. Netzwerke für die Zukunft. Die deutsch-russischen Kulturbeziehungen. Zusammenfassung. Online im Internet. URL: http://www.ifa.de/v/drussland_zus.htm
76. Reporter ohne Grenzen: Rangliste zur Situation der Pressefreiheit weltweit. Rangliste 2004. Online im Internet. URL:http://www.reporter-ohne-grenzen.de/cont dateien/indpres.php
77. Russische Botschaft: Wirtschaftsbeziehungen Russland-Deutschland. Online im Internet. URL: http://www.russische-botschaft.de/Information/Wirtschaftsbeziehungen.htm, 15.12.2004
78. Schlaphoff, Marc: Brüchige Unabhängigkeit in den 1990er Jahren. Online im Internet. URL: http://www.tagesschau.de/aktuell/meldungen/0,1185,OID2107670_TYP6_THE2110382_NAV_REF1_BAB,00.html. Stand: 08.08.2003
79. Schlaphoff, Marc: Putin und der tschetschenische Knoten. Online im Internet. URL: http://www.tagesschau.de/aktuell/meldungen/0,1185,OID2108902_TYP6_THE2110382_NAV_REF1_BAB,00.html. Stand: 01.09.2004

80. Uni Kassel: http://www.uni-kassel.de/fb5/frieden/themen/Aussenpolitik/merkel-russland2.htm Stand 10.04.2006

Bildernachweis